本书是江苏省社科应用研究精品工程外语类课题"西非法语区主流报刊对中国话语的接受研究"（24SWB-06）、河海大学国际合作交流引导资金专项项目"全球视野人才培养视域下区域国别学人才培养研究"（B230170513）、江苏省教育厅哲学社会科学研究一般项目"法国社会学术语汉译研究"（2023SJYB0052）阶段性成果以及河海大学研究生精品教材建设"区域国别学系列教材——几内亚篇"（B220192344）结项成果。

西非经济共同体
国家系列教材

王朝文　张海榕丨总主编

几内亚

A Series of Textbooks for Countries of
the Economic Community of
West African States
GUINEA

陈璞君　陈思宇

编著

中国社会科学出版社

图书在版编目（CIP）数据

西非经济共同体国家系列教材．几内亚／陈璞君，陈思宇编著．－－北京：中国社会科学出版社，2025．2．
ISBN 978-7-5227-4879-5

Ⅰ．K943

中国国家版本馆 CIP 数据核字第 2025VW1366 号

出 版 人	赵剑英
责任编辑	田 耘
责任校对	禹 冰
责任印制	李寡寡
出　　版	中国社会科学出版社
社　　址	北京鼓楼西大街甲 158 号
邮　　编	100720
网　　址	http://www.csspw.cn
发 行 部	010-84083685
门 市 部	010-84029450
经　　销	新华书店及其他书店
印　　刷	北京明恒达印务有限公司
装　　订	廊坊市广阳区广增装订厂
版　　次	2025 年 2 月第 1 版
印　　次	2025 年 2 月第 1 次印刷
开　　本	710×1000　1/16
印　　张	13.75
字　　数	195 千字
定　　价	78.00 元

凡购买中国社会科学出版社图书，如有质量问题请与本社营销中心联系调换
电话：010-84083683
版权所有　侵权必究

前　　言

当前，世界面临百年未有之大变局，国际环境发生深刻变化。作为一门交叉学科，区域国别学服务国家战略的作用日益凸显。

河海大学西非国家经济共同体研究中心是教育部备案的区域国别研究中心。自2021年3月成立以来，该中心以服务国家战略为根本宗旨，积极推动学科交叉融合，着力强化学术研究与资政研究，在学术论文发表、资政报告撰写、区域国别课程建设、高端智库论坛等多方面取得显著成效。其中，在二十多篇被采纳的资政报告中，多篇获得中央部委以上肯定性批示，为促进中国与非洲的合作提供了重要参考。中心在三年多的时间内，还发表学术论文数篇，出版西共体国别系列教材——《塞内加尔》，举办了多场高规格高水平的区域国别智库论坛，为推动中国与非洲国家的多领域合作贡献智库力量。同时，中心在培养国际化、复合型人才和区域国别人才方面发挥了重要作用，开设了"西非经济共同体概况"等区域国别课程。

此次出版的西共体国别系列教材——《几内亚》是继《塞内加尔》之后河海大学西非国家经济共同体研究中心出版的另一部西共体国别系列教材。几内亚是西非地区的重要国家，资源丰富，地理位置重要，影响力广泛，是中非友谊的典范。近年来，中几友好关系进一步深化，特别是在"一带一路"倡议和中非合作论坛的框架下，两国在基础设施建设、矿产开发、农业发展、卫生医疗等领域实现了重要突破。此部教材立足几内亚国情，通过内容翔实的资料和全景式的观察分析，介绍几内亚的发展。从历时性角度，教材回溯了几内亚的历史，覆盖政治、经济、文化等领域。从共时性角度，教材分析了几内亚当代发展，揭示其矛盾与张力。教材整合了几内亚最新的经济社会数据，聚焦其当前发展态势，梳理其国际关系定位，尤其是与中国等国的合作。

教材还注重权威资料与案例分析，结合中几合作案例，桥接理论与实践，通过问题导向，探讨资源开发、国家治理等现实挑战，兼具理论性与实用性，为学术研究与教学提供支持，为研究几内亚提供新的选择，为区域国别研究提供新的参考资料。

王朝文

2024年12月

第一章 国情概览 / 1
第一节 自然地理 / 2
第二节 国家制度 / 8
第三节 社会生活 / 18

第二章 历史沿革 / 32
第一节 古代史 / 33
第二节 近代史 / 38
第三节 殖民史 / 45
第四节 当代史 / 56

第三章 经济 / 78
第一节 经济基本特征及趋势 / 78
第二节 农业 / 83
第三节 工业 / 87
第四节 旅游业及主要城市 / 94
第五节 交通运输与邮电通信 / 101
第六节 财政与外国投资 / 106

第四章 教育及文化 / 113
第一节 教育 / 113

第二节　文学　/　126

第三节　电影与戏剧　/　131

第四节　音乐与舞蹈　/　135

第五节　工艺美术　/　143

第六节　文化设施　/　145

第五章　对外关系　/　150

第一节　外交特点与政策演变　/　152

第二节　与大国的关系　/　160

第三节　同中国的关系　/　168

第四节　同其他亚洲国家的关系　/　185

第五节　同非洲国家的关系　/　192

参考文献　/　207

后　记　/　212

第一章

国情概览

几内亚共和国（英语名称：The Republic of Guinea；法语名称：La République de Guinée），简称几内亚，位于西非西海岸，人口截至 2022 年为 1504 万，自然资源丰富。于 1958 年 10 月 2 日宣告从法兰西共同体获得独立，成为撒哈拉以南非洲法属殖民地第一个获得独立的国家。

"几内亚"本来是指非洲撒哈拉沙漠以南、几内亚湾以北的整个地区。"几内亚"一词来源于柏柏尔语（Berbère），同时"几内亚"也出现在其他三个国家的名称中，如几内亚比绍、赤道几内亚和巴布亚新几内亚。为了与这些国家相区别，几内亚有时也被称为几内亚—科纳克里（Guinée-Conakry），以其首都科纳克里（Conakry）命名。

几内亚是一个信奉伊斯兰教为主的国家，全国约 85% 的居民信奉伊斯兰教，5% 信奉基督教，其余信奉原始宗教。几内亚全国共有 20 多个民族。法语是几内亚的官方语言，是学校、公共管理部门和媒体的主要交流语言。同时，几内亚超过 24 种少数民族语言，如颇尔语（Peul）、马林凯语（Malinké）、苏苏语（Soussou）、洛马语（Loma）、基西语（Kissi）等。

第一节 自然地理

一 地理位置和地形地貌

（一）地理位置

几内亚位于西非西岸，北邻几内亚比绍、塞内加尔和马里，东与科特迪瓦、南与利比里亚和塞拉利昂接壤，西濒大西洋。海岸线长约352千米。国家呈新月形，从东南地区向北和向西弯曲，到西北与几内亚比绍接壤，西南海岸濒临大西洋。几内亚的面积为245857平方千米。国家主要位于7°N—13°N，7°W—15°W。

（二）地形地貌

基于生态和自然条件的多样性，几内亚领土被划分为四个不同的区域：下几内亚（Basse Guinée）、中几内亚（Moyenne Guinée）、上几内亚（Haute Guinée）和森林几内亚（Guinée Forestière）。

下几内亚又称沿海几内亚，位于几内亚西部，面积36133平方千米，包括海岸和狭长的沿海平原。海岸经历了近期的海平面上升，以溺湾或被淹没的河谷为标志，形成海湾和潮汐河口。全区多沼泽，终年高温多雨，全年6个月为雨季，年降水量可达5000毫米，该区大面积淤陷湿地为红树林区。许多近海岛屿是先前地质时期山丘的遗留物。平缓起伏的沿海平原向东升起，在北部的维尔加角和南部的卡马延半岛被中几内亚的富塔贾隆高原的岩石支脉打破。沿海平原宽度在48—80千米，南部比北部宽。基岩为花岗岩和片麻岩，上面覆盖着红土和砂岩砾石。

中几内亚为富塔贾隆高原，位于几内亚中部，富塔贾隆高原从沿海平原急剧上升，形成一系列断层，占地77000平方千米，平均海拔914米。该地区由一系列阶梯状的砂岩高原组成，有许多风景如画的峡谷，是非洲西部一些大河的分水岭。卢拉山是其最高点，海拔1538

米，西非3条主要河流——尼日尔河、塞内加尔河和冈比亚河均发源于此，几内亚因而被称为"西非水塔"。

上几内亚位于几内亚东北部，面积97000平方千米，由尼日尔平原组成，该平原向东北方向倾斜至撒哈拉沙漠。平坦的地势被圆形的花岗岩山丘和富塔贾隆高原的外围所打破。该地区由花岗岩、片麻岩、片岩和石英岩组成，平均海拔约为300米。全区地势平坦，多灌乔木树林。布勒地区的黄金闻名于世。主要经济活动为畜牧业经济。

森林几内亚位于几内亚东南部，面积49374平方千米，平均海拔在500—600米，是几内亚高原所在地。南端有海拔1752米的宁巴山（le mont Nimba），为全境最高峰，宁巴山耸立于几内亚与利比里亚和科特迪瓦的边界。

二 气候特点

几内亚沿海地区为热带季风气候，内地为热带草原气候。年降水量沿海达4000毫米，内陆为1000—1500毫米。年平均气温为24℃—32℃。5月至10月为雨季，11月至次年4月为旱季。雨量充沛，全国年均降水量为3000毫米，年平均气温为24℃—32℃。

在沿海地区，6个月的干燥天气之后是6个月的雨水天气。首都科纳克里属热带雨林气候，1月盛行北风，7月盛行南风，每年5月至11月为雨季，年平均降雨量约为4300毫米，年平均气温在27℃左右。

富塔贾隆地区属于热带山地气候。冬季昼夜温差较大，1月下午的温度在30℃—35℃，而夜间的温度则降至8℃—11℃。年降雨量在1500—2300毫米，气温比较舒适宜人，年平均气温在25℃左右。

上几内亚较为干燥，年降雨量降至约1500毫米。在旱季，东北部的气温普遍超过38℃。

森林几内亚地区，受赤道的影响较为潮湿，年降雨量在2540毫米左右。平均气温为26℃，只有12月、1月和2月相对干燥。这里雨季很长,有8—10个月,在低海拔地区,温度与沿海地区相似。

三 河流

几内亚水力资源丰富,有"西非水塔"之称,境内有1165条河流。西非诸多河流发源于此,境内的富塔贾隆高原和几内亚高原是西非河流的两大源头。发源于富塔贾隆向西和向南流的河流均在几内亚境内,最终向西流入大西洋;向东的河流汇入尼日尔河,绕道西非内陆,最终南下流入大西洋;向北的河流流向几内亚境外,经塞内加尔、冈比亚等西非沿海国家流入大西洋[①]。主要河流有尼日尔河、塞内加尔河、冈比亚河等。

尼日尔河 尼日尔河(Niger)是非洲大陆第三长的河流,仅次于尼罗河(Nil)和刚果河(Congo),也是自20世纪80年代以来由于干旱加剧而大力开发的河流之一。尼日尔河和几条支流,包括廷基索河(Tinkisso)、米洛河(Milo)和桑卡拉尼河(Sankarani),发源于廷吉山脉(monts Tingi)脚下,位于塞拉利昂和几内亚边境。大致向东北方向流过上几内亚,到达马里,在穿过巴马科(Bamako)后,与来自科特迪瓦的巴尼河(Bani)汇合。随后经过廷巴克图(Tombouctou)以南约10千米,然后进入加奥水域(Gao)。在凯马西纳(Kémacina)和廷巴克图(Tombouctou)之间延伸到一片广阔的洪泛平原,洪泛区最盛时面积近40000平方千米,25%—50%的水通过蒸发而减少。尼日尔河后向东南方向前进,穿过尼日尔西部,到达尼日利亚,在哈科特港(Port Harcourt)注入大西洋。尼日尔河在左岸的洛科贾(Lokoja)与来自喀麦隆的主要支流贝努埃河(Bénoué)汇合,在进入三角洲之前,尼日尔河的流量增加了一倍。

尼日尔河河道可分为四段,上游的水源来自廷基索河(Tinkisso)、尼安丹河(Niandan)、米洛河(Milo)和桑卡拉尼河

[①] 吴清和:《几内亚》,社会科学文献出版社2015年版,第6页。

(Sankarani)；尼日尔三角洲中部由巴尼河（Bani）灌溉；中部受益于支流戈鲁奥尔河（Gorouol）、达尔戈尔河（Dargol）、西尔巴河（Sirba）、塔波阿河（Tapoa）、戈鲁比河（Goroubi）、迪亚曼古河（Diamangou）、梅克鲁河（Mékrou）、阿利博里河（Alibori）和索塔河（Sota）等；下游主要支流有索科托河（Sokoto）、卡杜纳河（Kaduna）和贝努埃河（Bénoué）。

塞内加尔河 塞内加尔河（Sénégal）由发源于富塔贾隆的巴芬河（Bafing）以及法莱梅河（Falémé）和发源于东南部几内亚高原的巴克赫伊河（Bakhoy）汇合而成。

塞内加尔河在几内亚境内的主河道不叫塞内加尔河，而叫巴芬河，发源自几内亚富塔贾隆高原海拔 1537 米处，巴芬河为塞内加尔河输送了一半的河水，巴芬河又名"黑河"，而巴科耶河则被称为"白河"，因为其河床是巨大的黑色花岗岩而得此名。

巴芬河和巴克赫伊河都在塞内加尔河的上游，巴芬河和巴克赫伊河在马里的巴富拉贝汇合形成主河，即塞内加尔河，距河口 1050 千米，然后在塞内加尔的巴克尔附近与法莱梅河汇合，它流经马里、毛里塔尼亚和塞内加尔，同时作为这两个国家之间的边界，然后在圣路易斯（Saint-Louis）流入大西洋。

冈比亚河 冈比亚河（Gambie）是西非的一条主要河流，从几内亚北部的富塔贾隆高原向西穿过塞内加尔和冈比亚，在班珠尔市（Banjul）流入大西洋。冈比亚河是非洲状况最好的水路之一，也是西非唯一容易进入远洋航运的河流，全长 1120 千米，其中有一半的长度可供航行。

四 自然资源

几内亚拥有丰富的自然资源：它是几条主要河流的源头，拥有非凡的生物多样性、肥沃的土地、世界三分之一的铝土矿储量、重要的黄金、钻石和石油资源。由于高降雨量和富塔贾隆高原的深谷，水电潜力很大。

水资源 几内亚水力资源丰富。几内亚的年降雨量可以达到4200毫米，因而拥有肥沃的土地和丰富的地下水和地表水。浇灌西非地区的最大河流的源头都在几内亚，几内亚被称为"西非水塔"。

森林资源 几内亚森林资源居西非首位，森林面积13.18万平方千米，占国土面积的53.63%。全国共有394个林业保护区，面积120万平方千米。

几内亚全国有500多种乔、灌木树种，其中红木、黑檀木、蝴蝶木、花梨木等为珍贵树种。几内亚热带雨林主要树种有红铁木、蝴蝶木、月桂异叶红树、五束藤黄、安哥拉密花树及东非绿柄桑等，分布在东部和南部。中山密林为复层林，分布较广，树种资源丰富，经济价值也很高。高山密林主要树种有红木、黑檀木、花梨木、非洲桃花心木及大叶加楝等，分布在几内亚南部海拔1400米的山岭地带。旱生热带林主要树种有西非紫檀、奥氏丹尼豆和非洲梧桐等。山地森林主要树种有围涎树、塞内加楝、东非绿柄桑和格木等，分布在几内亚中部海拔800—1300米的山地。

农业资源 几内亚的气候条件、水资源和土壤肥力等条件都使其农业生产具有天然优势，与非洲大多数国家的情况一样，几内亚在很大程度上依赖于农业，农业发展不仅可以满足粮食自给自足，还可以创造大量的外汇收入。几内亚国土面积为24.6万平方千米，有6.2万平方千米的可耕地，最具生产力的土地在森林地区和平原地区，其中仅有50%被开发利用，即3.3万平方千米的耕地。目前在36.4万平方米的可灌溉地中，只有30200平方米得以开发。几内亚农业从业者约650万人，占全国总人口的55%。

几内亚种植的农作物包括水稻、甘薯、山药和玉米等，经济作物包括香蕉、菠萝、咖啡、柑橘类水果和甘蔗等。

矿产资源 几内亚拥有丰富的矿产资源，有"地质奇迹"之称。如铝矾土、铁矿石、铀，以及黄金和钻石。矿产资源主要有铝矾土，储量约400亿吨，其中已探明储量290多亿吨，占世界已探明储量的30%，居世界第一位，其氧化铝含量高达58%—62%。

铝矾土分布广泛，在几内亚全境均有分布，对几内亚的经济尤为重要，用于铝生产的沉积岩的天然储量估计为74亿吨，相当于全世界所有铝矾土储量的四分之一至三分之一。几内亚大约80%的外汇来自该国的铝生产和铝土矿开采业。

几内亚的采矿历史可以追溯到中世纪。在法国控制下的殖民时期，采矿业得到进一步发展。此后，几内亚的国内采矿业一直在国民经济中发挥着重要作用。

除了铝矾土，几内亚开采的其他矿物包括铁矿石、铀、黄金和钻石，不太丰富的矿业资源则包括镍、锰、石灰石、盐、水泥和石墨。几内亚的铁矿石储量约为40亿吨，拥有许多重要的铁矿，主要分布于几内亚东南部与利比里亚和科特迪瓦的交界。

几内亚在比里米亚盆地有大量的黄金储备，潜在储量预计为700吨。大部分金矿开采都在该国东北部进行，如法拉纳地区的莱法矿，是世界上最大的金矿之一，储量估计约为220吨。与工业化开采相比，手工开采是几内亚黄金开采的主力军。

几内亚拥有巨大的钻石储量，已探明储量3000万—4000万克拉，潜在储量预计5亿克拉。

除上述资源外，几内亚还蕴藏着其他稀有金属和矿物资源。

水力发电潜力 几内亚水电蕴藏量达600万千瓦，而目前只有2%得到了开发，受益人口只占全国人口的8%。目前几内亚已经确定了129个可开发的瀑布。它们的水电潜力为611百万千瓦，蕴藏的产量为19300亿千瓦。最重要的瀑布位于孔库雷河、法塔拉河、冈比亚河、尼日尔河和廷基索河流域。

海洋资源 几内亚面向大西洋的海岸线长约320千米，大陆架面积5.6万平方千米。沿海渔业资源丰富，年捕捞量约500万吨，主要有虾、底层鱼、头足纲海产类等。

旅游潜力 几内亚旅游资源丰富，但受地区局势不稳定等因素影响，旅游资源未得到有效开发，全国共有旅游景点 200 余处，各种景点颇具吸引力，无论是细腻的沙滩、青翠的岛屿、具有瀑布的山脉，还是大型动物游荡其中的草原，都是美丽壮阔的自然景观。著名的景点有新娘面纱瀑布（Voile de la Mariée）、杜布雷卡瀑布（Cascades de la Soumba）等。位于几内亚与利比里亚交界处的宁巴山 1944 年被列为自然保护区，1980 年被列为生物圈保护区，1981 年被联合国教科文组织列为世界自然文化遗产。生态圈总面积 1452 平方千米，其中自然保护区面积 125.4 平方千米。生态圈内分布着几内亚 85% 的物种，仅动物就有 2835 种。

第二节 国家制度

一 国旗国徽国歌

（一）国旗

几内亚国旗启用于 1958 年 11 月 10 日。国旗呈长方形，长宽之比为 3∶2。由三个平行相等的竖长方形组成，从左至右依次为红、黄、绿三色。红色代表所有烈士在反对殖民占领和国家独立斗争中所流的鲜血。黄色代表几内亚富饶的矿产资源，也代表太阳。绿色代表几内亚的植被及其农业。

（二）国徽

几内亚目前使用国徽的中央图案是一个底部呈圆形的盾牌，上面飞着一只银色的鸽子，嘴里叼着一根橄榄枝。盾牌是银色的，底部有一条红、黄、绿三色的衬带。它被放置在一个卷轴上，卷轴上刻有国家格言："勤劳、正义、团结"（Travail-Justice-Solidarité）。

（三）国歌

《自由》（Liberté）是几内亚的国歌。1958 年独立时采用，由福代巴·凯塔（Fodéba Keïta）编曲，以科罗福·穆萨（Korofo Moussa）为19世纪富塔贾隆国王阿尔法·雅雅（Alpha Yaya Diallo）创作的赞美歌旋律为基础。1958年接近独立时，艺术家、编舞家和政治家福代巴·凯塔和让·塞利耶（Jean Cellier）将科罗福·穆萨的歌词重新修改，并用法语写成几内亚国歌。

国歌于1958年10月2日几内亚宣告独立时通过，并被纳入1958年11月10日的宪法第1条。歌词如下：

Peuple d'Afrique,

Le Passé historique!

Que chante l'hymne de la Guinée fière et jeune

Illustre épopée de nos frères

Morts au champ d'honneur en libérant l'Afrique!

Le peuple de Guinée prêchant l'unité

Appelle l'Afrique.

Liberté! C'est la voix d'un peuple

Qui appelle tous ses frères de la grande Afrique.

Liberté! C'est la voix d'un peuple

Qui appelle tous ses frères à se retrouver.

Bâtissons l'unité africaine dans l'indépendance retrouvée.

二 主要节日

几内亚的节日比较多，主要公众假期有：10月2日国庆节，11月1日建军节，4月3日孔戴执政第二共和国纪念日。此外，元旦、五一国际劳动节、圣诞节、开斋节、宰牲节、先知诞辰日、圣母升天节等也被列为公共假日。几内亚每周六、日为公休日。几内亚人民也非常热衷于维护自己的信仰，有各种各样的宗教节日，如伊斯兰教的开斋节及古尔邦节、天主教的圣母升天节等。许多庆祝活动和几内亚节日都以伊斯兰教仪式以及民族传统为中心。节日庆典活动通常在首都科纳克里举行。

几内亚最具代表性的节日有以下几个。

10月2日是几内亚的独立日和国庆节。1958年9月28日，法国在本土和海外殖民地同时对戴高乐的第五共和国宪法举行全民公决，几内亚人民以95%以上的压倒性多数投了反对票，成为法属非洲殖民地中唯一否决戴高乐宪法的地区，10月2日几宣布独立，结束了法国在几内亚长达73年的殖民统治历史

4月3日是几内亚第二共和国纪念日。这是1984年4月3日孔戴上台执政的纪念日，同时也是几内亚的全国人权与公民权日。

11月1日是建军节。1958年11月1日几内亚建立共和国军队。

11月22日是抗击葡萄牙雇佣军入侵纪念日。1970年11月22日发生了葡萄牙雇佣军入侵几内亚事件，几内亚组织反击，很快击败了这次入侵。

几内亚一年有两个妇女节，3月8日是国际劳动妇女节，8月27日是几内亚妇女节。1977年8月27日科纳克里的女商贩上街游行反对杜尔政府过激的经济政策。这次完全由妇女发动的一场政治运动具有重要意义，促使了杜尔政府采取转向自由经济方向的政策改革。

三　行政区划和主要城市

几内亚分为大区（région）、省（préfecture）、专区（sous-préfecture）三级，共有7个大区和与大区同级的首都科纳克里特区（Zone Spéciale）、33个省、304个专区。7个行政区分别是：博凯区（Boké）、法拉纳区（Faranah）、康康区（Kankan）、金迪亚区（Kindia）、拉贝区（Labé）、马木区（Mamou）、恩泽雷科雷区（Nzérékoré）。

首都科纳克里（Conakry）是全国政治、经济、文化、教育、交

通中心，全国第一大城市，位于几内亚西部，大西洋沿岸，面积230平方千米，人口220万。科纳克里交通便利，有国际航空港和海港与世界相通，有国家级公路与各大区相连。科纳克里在几内亚经济生活中占有特殊地位，其生产总值占比超过全国的90%，全国95%以上的进出口贸易在此成交。

博凯区位于几内亚西北部，面积31186平方千米，北临几内亚比绍，东接拉贝大区和金迪亚大区，西邻大西洋。首府博凯省，分5个省：博凯省（Boké）、博法省（Boffa）、加乌阿勒省（Gaoual）、昆达拉省（Koundala）、弗里亚省（Fria）。

法拉纳区位于几内亚中部，面积35581平方千米，北邻马里，南毗塞拉利昂。首府法拉纳省，分为4个省：法拉纳省（Faranah）、达博拉省（Dabola）、基西杜古省（Kissidougou）、丁几拉伊省（Dinguiraye）。

康康区位于几内亚东部，面积72145平方千米，北邻马里，东接科特迪瓦。首府康康省，分为5个省：康康省（Kankan）、锡基里省（Siguiri）、库鲁萨省（Kouroussa）、曼迪阿纳省（Mandiana）、凯鲁阿内省（Kérouané）。

金迪亚区位于几内亚西部沿海地区，面积28873平方千米，南毗塞拉利昂和大西洋。首府金迪亚省，距首都科纳克里以东163千米，位于沿海平原与富塔贾隆高原衔接地带。分为5个省：金迪亚省（Kindia）、科亚省（Coyah）、福雷卡里亚省（Forecariah）、泰利梅雷省（Télimélé）和杜布雷卡省（Dubréka）。

拉贝区位于富塔贾隆中央高原，面积22869平方千米，北邻塞内加尔和马里。首府拉贝普，分为5个省：拉贝省（Labé）、勒卢马省（Lélouma）、杜盖省（Tougué）、古伯拉省（Koubla）、马利省（Mali）。

马木区位于几内亚中西部，面积17074平方千米，南毗塞拉利昂。是富塔贾隆高原南部边缘，首府马木省，分为3个省：马木省

（Mamou）、达拉巴省（Dalaba）、比塔省（Pita）。

恩泽雷科雷区位于东南部森林区，面积44319平方千米，东接科特迪瓦，南毗利比里亚，西邻塞拉利昂。首府恩泽雷科雷省，分为6个省：恩泽雷科雷省（Nzérékoré）、贝拉省（Beyla）、洛拉省（Lola）、马桑塔省（Macenta）、盖凯杜省（Guéckédou）、约姆省（Yomou）。

四　政治体制

几内亚政体是总统制共和制。总统由人民直接选举产生，总统任命总理。一院制国民议会是国家的立法机构，其成员由人民直接选举产生。司法机构分为普通法院和特别法院两类。特别法院包括特别最高法庭、军事法庭和劳动法庭。

几内亚总统通常由民众投票选举产生，任期5年。获胜的候选人必须获得多数选票才能当选为总统。总统在由他任命的25名文职部长组成的委员会的协助下治理几内亚。政府通过7个大区和首都科纳克里市、33个省及304个专区来管理国家。区级领导人由选举产生，总统任命中央行政机构所有其他级别的官员。

（一）政治制度

1. 国家元首

2021年9月，几内亚部分军人发动政变，宣布几内亚进入过渡期，马马迪·敦布亚（Mamadi Doumbouya）于10月就任过渡总统。

2. 宪法

1990年12月举行公民投票通过《根本法》（La Loi Fondamentale）。《根本法》规定，几内亚实行总统制，总统兼国家元首和政府首脑。总统由普选产生，任期5年，可连任两届。2001年11月修改宪法，将总统任期由5年延长至7年，可连选连任，并取消总统候选人年龄不得超过70岁的限制。2008年12月几内亚军事政变后，几军政权中止实施1990年宪法。2010年4月，全国过渡委员会（Conseil National de Transition）制定了过渡期宪法。2010年5月，时任几军政权领导人、代总统的科纳特（Sékouba Konaté）颁布过渡期宪法，规定总统由直接选举产生，任期5年，可连任一次。无论两个任期是否相连，总统最多只能有两个任期。2020年3月，几内亚举行新宪法公投，新宪法通过公投并于2020年4月6日公布实施。新宪法将总统任期由5年改为6年，保留"可连任一次"规定，删除"任何情况下，无论连续与否，任何人担任总统不得超过两届"条款。2021年9月几过渡政府宣布现行宪法中止实施。

3. 议会

实行一院制，共114席，议员任期5年。2021年9月过渡政权宣布解散议会。2022年1月，过渡总统签署令成立全国过渡委员会（Conseil National de la Transition）代行议会职权，过渡委员会包括主席1名、副主席2名、81名国家委员（Conseiller National）及秘书处、后勤处等附属机构。全国过渡委员会下设规划、经贸、医疗卫生、国防以及审计等8个委员会，负责对重大政府事务进行审议表决。

4. 政府

几内亚的政府部门因执政者的不同会发生变化和调整，以2021年9月5日几内亚发生军事政变后的政府为例。该届政府过渡委员会成立于2021年10月，后经数次微调，主要的职务见表1-1。

表1-1　　　　　　　　　过渡委员会职务设置

职务
过渡总理、政府首脑
掌玺、司法和人权部部长
国防国务部部长

续表

职务
国土管理和地方分权部部长
安全和民事保护部部长
外交、非洲一体化和海外侨民部部长
经济和财政部部长
预算部部长
计划和国际合作部部长
劳动和公职部部长
环境和可持续发展部部长
农业和畜牧业部部长
能源、水利和油气部部长
矿业和地质部部长
基础设施和公共工程部部长
交通部部长
邮政、电信和数字经济部部长
城镇化、住房和国土整治部部长
渔业和海洋经济部部长
贸易、工业和中小企业部部长
高等教育、科研和创新部部长
基础教育和扫盲部部长
技术教育、职业培训和就业部部长
健康和公共卫生部部长
信息和新闻部部长
青年和体育部部长
促进妇女权利、儿童和弱势群体部部长
文化、旅游和手工业部部长
政府秘书长
宗教事务秘书长

资料来源：作者自制。

5. 司法机构

几内亚设普通法院和特别法院。普通法院包括最高法院、上诉法院、初审法院和治安法院。最高法院下设宪法法庭、行政法法庭、民事法庭、刑事法庭、商务法庭和社会事务法庭，此外还有三个审计法庭。特别法院包括特别最高法庭、军事法庭和劳动法庭。

(二) 历史沿革

几内亚境内曾有过许多帝国，几内亚在9—15世纪为加纳王国和马里帝国的一部分。15世纪葡萄牙殖民者入侵，随后西班牙、荷兰、法国和英国接踵而至。1842—1897年法国殖民主义者同各地部落酋长签订30多个"保护"条约。1885年几内亚被柏林会议划为法国势力范围，1893年被命名为法属几内亚。19世纪后期，萨摩利·杜尔（Samori Touré）建立了乌拉苏鲁王国（Empire Ouassoulou），坚持抗法斗争。20世纪初，阿尔法·雅雅（Alpha Yaya Diallo）领导了大规模反法武装起义。1958年9月28日，几内亚通过公民投票，拒绝留在法兰西共同体内。同年10月2日宣告独立，成立几内亚共和国，艾哈迈德·塞古·杜尔（Ahmed Sékou Touré）任总统。1965年，杜尔以"干涉我国内政"为由，与宗主国法国断绝关系，直至1975年复交。杜尔长期执政，直至1984年3月病逝。

在塞古·杜尔总统执政的时间里，几内亚是一个由几内亚民主党（Parti Démocratique de Guinée）统治的一党制国家。1984年4月，杜尔去世后，兰萨纳·孔戴（Lansana Conté）领导的军事集团废除了民主党和所有相关的革命委员会，并以国家复兴军事委员会（Comité Militaire de Redressement National）取代。1991年的新宪法开始了向文官统治的过渡。新宪法规定了一个文职总统和一个一院制立法机构——国民议会。总统和立法者都由普选产生，任期五年。1992年，政党合法化。1993年，几内亚举行了第一次多党选举，孔戴当选为总统。孔戴在1998年再次当选。从2000年9月到2001年3月，几内亚成功地阻挡了塞拉利昂和利比里亚叛军的入侵。2001年的全国公民投票修改了宪法，将总统任期从5年延长到7年，并允许总统无限期任职。孔戴于2003年再次连任。

2008年12月孔戴去世后，国家由军政府领导，军政府中止了宪法并解散了立法机构。军政府成立了一个过渡性机构，即由32名成员组成的国家民主与发展委员会（Conseil National pour la Démocratie et le Développement）。军政府总统从2009年12月起由一位临时总统接任，在全国民主与发展委员会的协助下，几内亚由一位文职总理领导，治理国家。

全国过渡委员会（Conseil National de Transition）成立于2010年2月，是一个类似立法机构的机构。全国过渡委员会的职责之一是起草一部新宪法，该宪法于2010年5月颁布。2010年，几内亚军政权宣布还政于民，于当年6月和11月，先后举行两轮总统选举，几内亚人民联盟主席阿尔法·孔戴（Alpha Condé）胜出，并于12月宣誓就职总统。孔戴执政后，政局总体保持稳定。2015年10月举行总统选举，孔戴胜选连任总统并于12月就职。继之而来的是一部新宪法，该宪法于2020年3月经全民公决通过，并在4月颁布。

根据2020年的宪法，几内亚是一个统一的共和国。宪法规定由总统担任国家元首。总统由普选产生，任期最多两届，为期六年。总理是政府首脑，由总统任命。立法者通过普选进入一院制国民议会，任期5年，不限次数。司法机构由最高法院、审计法院以及初级法院和法庭组成。还有一个宪法法院，负责主持宪法和选举问题，以及一个高级法院，负责审判总统和其他政府成员的叛国罪和其他罪行。

2021年9月，几内亚部分军人扣押孔戴，解散国家机构，宣布几内亚进入过渡期，马马迪·敦布亚于10月就任过渡总统。2022年12月，几内亚过渡政府同西非国家经济共同体就过渡期方案达成原则共识。

五 政党与社团组织

几内亚于1992年4月实行多党制。主要政党情况如下：

1. 几内亚人民联盟（Rassemblement du Peuple de Guinée）始建于1963年。1992年4月3日注册登记，成为合法政党，成员多为马林凯族人。政党宗旨：将几内亚人民从一切形式的压迫中解放出来，团结全体人民，以平等、博爱为基础，建设民主自由社会，实现国家统一、民族独立、经济繁荣和社会公正。该联盟候选人阿尔法·孔戴于2010年11月当选总统。2012年4月，几内亚人民联盟联合44个政党组成执政联盟几内亚人民联盟——彩虹联盟（RPG-Arc-en-Ciel）。2020年4月的议会中，获得114个席位中的79个席位。

2. 几内亚民主力量同盟（Union des Forces Démocratiques de Guinée）：反对党。成立于1991年9月。政党宗旨：在实现社会团结和民族和解的基础上，建立民主和法治国家，使国家摆脱贫困，实现可持续发展，保障全体公民的合法权利和自由。主席塞卢·达兰·迪亚洛（Cellou Dalein Diallo）曾于2004—2006年任总理。在2010年6月、2020年10月两次参加总统选举，均负于孔戴。

3. 几内亚共和力量同盟（Union des Forces Républicaines）：反对党。成立于1992年。政党宗旨：实现民族和解，建立民主、多元化社会，改变国家政治、经济和社会三重落后面貌。主席西迪亚·杜尔（Sidya Touré），曾于1996—1999年任总理。

4. 几内亚进步复兴联盟（Union du Progrès et du Renouveau）：由原反对党新共和同盟和复兴进步党于1998年9月15日合并而成，成员多为颇尔族人。政党宗旨：在尊重自由、保障多党民主的基础上，建立三权分立的法治国家，加强民族团结和社会凝聚力，反对一切形式的种族中心主义和地方主义，以实现人的可持续发展和全民福祉的目标，全面推进经济、社会和文化建设。

5. 统一进步党（Parti de l'Unité et du Progrès, PUP）：1992年3月

27日成立。其宗旨是促进几内亚社会与经济的发展和进步，实现全国各族人民的和解与团结，建立一个公正、法治、民主的国家。

六 武装力量

几内亚于1958年11月成立人民军，后改称几内亚武装力量。总统是最高军事统帅，行使任免军事人员、对外宣战等权力。国防部作为军事行政主管部门，直接隶属总统府。

几内亚武装力量由野战军、宪兵和共和国卫队组成。野战军总兵力2万人，其中陆军1.8万人、海军1500人、空军500人。宪兵1800人，共和国卫队1600人。

第三节 社会生活

一 人口

（一）人口概况

截至2024年4月，几内亚人口约为1445万人，排在世界第75名。人口增长率为2.75%，出生率为3.55%，死亡率为0.8%，城市人口占39.8%。

几内亚人口的强劲增长是死亡率下降和生育率持续上升的结果。尽管在过去20年里，几内亚预期寿命和死亡率有所改善，但几乎普遍存在的切割女性生殖器的做法继续导致婴儿和产妇死亡率居高不下。截至2022年，几内亚的总生育率仍然很高，每名妇女约有5个孩子。这与几内亚人民一直倾向的大家庭的观念，避孕药具的使用率和可用性低，妇女教育程度低下和权利的缺乏以及贫穷有关。识字率低和缺乏职业培训计划限制了年轻人的就业前景，但即使是拥有大学学历的人也往往别无选择，只能在非正规部门工作。在该国庞大的青年人口中，约有60%的人口失业。

在20世纪90年代，几内亚收容了多达50万来自塞拉利昂和利比里亚的难民，在该十年的大部分时间里，难民人数超过了任何其他非洲国家。

(二) 年龄结构

几内亚自独立以来，预期寿命不断提高，到21世纪初，男性和女性的平均预期寿命约为50岁。几内亚的人口很年轻，超过五分之二的人口在15岁以下。截至2023年，几内亚人口年龄结构分布如下：

0—14岁：40.9%（男性2884146/女性2835794）

15—65岁：55.1%（男性3846852/女性3856366）

66岁及以上：4.0%（男性254608/女性308413）

当地华人估计约3万人，主要集中在首都科纳克里、博凯、博法、金迪亚、特里梅莱、马木以及贝拉等地区。

二 民族

几内亚是个多民族国家，全国有20多个民族，其中颇尔族（Peul）即富拉族（Foulani）占人口总数的33.9%以上，马林凯族（Malinké）占30%以上，苏苏族（Soussou）约占20%，盖耶族（Guezé）占7.8%，基西族（Kissi）占6.2%，托马族（Toma）占1.6%，其他人数较少的民族占0.4%。

几内亚的四个主要地理区域基本上与四个主要民族语言群体相对应。

占人口三分之一的颇尔族人是牧民，是西部内陆富塔贾隆山地高原的主要人口。颇尔族，又称富拉族，是萨赫勒和西非最普遍的信仰伊斯兰教的民族。颇尔人发源于北非，由颇尔语、文化和宗教信仰团结在一起。据传统的口头或书面记载，颇尔族的传说中，大多数都提及了阿拉伯人奥克巴（Oqba）与黑人公主塔吉玛乌（Tadjimaou）之间的联姻。据说这两个人生下了4个孩子，分别是普拉语族的四个氏族的祖先：巴里（Barry，又称 Sangare）、迪亚洛（Diallo，又称 Kane）、索（Sow，又称 Sidibe）、巴（Bah，又称 Balde 或 Diakhite）。然而，这种起源的确切性存疑，因为奥克巴很可能指的是奥克巴·伊本·纳菲（Oqba ibn Nafi），一位阿拉伯征服者。他于683年去世，从未穿越整个撒哈拉沙漠。然而，这个传说却使得颇尔族可以宣称拥有"高贵"的阿拉伯血统。根据2019年的一项基因研究，颇尔族的基因来自西非族群和具有欧洲和北非祖先的族群。

在19世纪初，非洲西部经历了一系列重大变革，这些变革涉及伊斯兰教政府的建立，也被称为吉哈德运动。从18世纪末一直延续到19世纪初的伊斯兰教改教革运动彻底改变了普拉语族社会以及其周边地区。这些运动产生的国家覆盖了苏丹撒哈拉地区的广阔地域，并影响了颇尔族社会的各个层面，如今的颇尔族人几乎都是信奉伊斯兰教。

颇尔人的语言受其所居住的环境影响，大部分颇尔人使用颇尔语，有些颇尔人则会同时使用颇尔语和其所居地主要使用的语言。颇尔人遵循一种被称为"普拉库（pulaaku）"的行为准则，即"成为颇尔人"，它是在道德和社会层面"一套非常微妙的规则"，是"专门考虑颇尔人的行为准则"，甚至是"以颇尔人的方式所投射的理想"。"普拉库存在于所有地区的所有颇尔族群体中，这是其稳定性的证明，也显示了它的意义和功能，这显然不仅仅涉及与特定历史背景相关的识别需求。在这个非常普遍的意义上，我们可以将其视为持久身份的意识，团结颇尔人的意识，不受在内容层面的任何明确解释的影响"[①]。颇尔人以耐心、自我控制、诚实和尊重著称。他们有丰富的音乐文化，颇尔人的传统乐器有鼓、侯笃（Hoddu）等。传统和传说的口头传播在颇尔人中非常重要。由老年人，特别是女性，通过歌曲

---

① Sociologie-Elizabeth Boesen, «Pulaaku, Sur la foulanité», in Roger Botte et Jean Boutrais (éd.), *Figures peules*, Karthala, 1999, p.539.

和童谣向青少年讲授，传承了人民的历史、功绩、仪式和美德。

科萨姆（Kossam）是颇尔人社区的主要美食。传统的颇尔人居住在被称为"布卡鲁"（bukkaru）的临时圆顶房屋中，由小米秸秆支柱支撑。大多数农村地区的颇尔人本质上是牲畜饲养者，牛的头数是颇尔人的财富、地位的象征，牛因而不仅在食物和家庭经济中发挥着重要作用，而且在社会关系和神话中也有着重要地位。他们的生活方式也因牲畜饲养的季节性需求而变化。在雨季时，牧草到处繁茂滋长，牧民驱赶牛群到1300米以上的高地放牧，以避开低湿地区的蚊蝇之害。当干季来临时，高地的草类渐枯，颇尔人便带着帐篷、家具，驱赶牛群移居到接近河流的低地。但在离开高地之前，多数的牧民均在帐篷附近种小米、豆类，并留下年老者就近照顾，以便雨季时回来收获。

马林凯族集中在尼日尔平原，靠近马里的边界，在上几内亚更为普遍。从12世纪末开始，马林凯家族开始确立他们的统治地位，苏马奥罗·坎特（Soumaoro Kanté）率领军队在加纳帝国的废墟上建立了索索王国。马林凯人当时是马里帝国的统治者，其创始人桑迪亚塔·凯塔（Soundiata Keïta）在1235年前后联合了马林凯人的诸多势力，在基里纳战役（bataille de Kirina）中击败苏马奥罗·坎特（Soumaoro Kanté）后建立了马里帝国。从14世纪开始，马林凯地区就有了长期的奴隶贸易历史。在16世纪和18世纪，马林凯地区是葡萄牙人的主要奴隶来源地。

原本马林凯人都信奉传统的非洲宗教。在马里帝国时期，桑迪亚塔·凯塔（Soundiata Keïta）皈依伊斯兰教，导致许多马林凯族群成员皈依伊斯兰教，尤其是贵族阶层。然而直到19世纪，原始的传统宗教仍然被很多马林凯人所信仰。如今，几乎所有马林凯人都信仰伊斯兰教，但根据不同的群体，传统的仪式和信仰在更大程度上得以保留。

马林凯语属于曼德语的重要组成部分。它是一个语言连续体，也就是说，即使是最遥远的变体也仍然可以相互理解，并且每种已识别的方言之间没有明确的地理界线。传统的马林凯音乐是由遵循祖先传统的吟游诗人、一代代歌手以及马里帝国的宫廷和贵族家族的歌颂而延续下来的。在马林凯社会，很大一部分文化是通过口头传统形成和传播的，无须借助文字，成为了一种包含多种流派的口头文学。史诗有多种类型，有些是半历史的，例如《松迪亚塔史诗》（*Épopée de Soundiata*）。

马林凯人是以种植小米、玉米和水稻为生的农民。在成为帝国的一部分之前，马林凯人被认为是该地区农业革命的标志。他们发现了小米，这是西非人饮食中最重要的谷物之一。

苏苏人（Soussou）是另一个曼德民族，占几内亚总人口的约20%，但自1984年以来一直在几内亚政治中起着主导作用。

苏苏人起源于马里和几内亚之间的山区边界。加纳帝国时期，苏苏家族离开曼德（Mandé）前往富塔贾隆定居。在那里，他们与不同的民族共存，包括纳卢人（Nalou）、巴加斯人（Bagas）、科尼亚吉人（Coniaguis）、巴萨里人（Bassaris）、颇尔人（Peul）等。从13世纪到17世纪，被颇尔人击退的苏苏人在沿海地区找到了避难所，通过香料、棕榈油等的贸易建立起强大的王国。现如今，他们主要居住在沿海地区，包括首都科纳克里，以及附近的平原地区。

苏苏族主要信奉伊斯兰教，伊斯兰教主导着他们的文化和习俗。其种姓制度起源于中世纪的奴隶时代，工匠、木匠、音乐家和珠宝商都属于独立的种姓。

至于森林几内亚，这里居住着许多小部族群体，他们最初是为了逃避马林凯人的统治而逃到这里。这些群体包括基西人（Kissi）、盖耶人（Guerzé）、洛马人（Loma）、科诺人（Kono）、马农人（Manon）和科纳吉人（Conagui）等。基西人是森林地区盖凯杜（Guékédou）和基西杜古（Kissidougou）地区的一个种植水稻的群体。其他人生活在塞拉利昂和利比里亚的边界内。

在文化和语言上，基西人与北部占主导地位的曼德人没有关系，因此在当今几内亚的政治和经济生活中一直被忽视。盖耶人（Guerzé）这一群体主要集中在恩泽雷科雷行政区。他们在语言上与塞拉利昂的门德族关系最为密切，因此更多代表着北方人对西南雨林地区的一种古老入侵。洛马人集中在马森塔行政区的基西人东部，与他们的基西族邻居没有关系，他们代表了大约500年前热带草原民族对森林地区的早期入侵。在几内亚，他们正逐渐被人数更多的马林凯人同化。

三 语言

几内亚共和国是一个多语言国家，法语是几内亚的官方语言，是学校、政府行政部门和媒体的交流语言。在塞古·杜尔执政时期，几内亚国家致力于将国家"非洲化"，特别是从20世纪60年代中期到20世纪70年代末，也就是说，进一步偏爱民族语言，并日益边缘化法语。但在20世纪70年代末，面对经济困难，该政权认识到法语是一种重要的外交语言，对国家的经济发展很有帮助。法语因此再次成为几内亚的官方语言。

在几内亚的本土语言中，使用人口最多的语言是苏苏语、颇尔语和马林凯语，而几内亚森林地区则有着更加多样化的民族语言。

法语是几内亚的国家和官方机构语言。15%—25%的人口将法语作为第二语言使用，只有极少数人将法语作为第一语言使用。在艾哈迈德·塞古·杜尔政权末期，法语是商业和学校的唯一语言。

颇尔语主要在中几内亚使用，主要城市是拉贝。它在拉贝和马穆地区占主导地位。

马林凯语主要在上几内亚使用，主要城市是康康。该语言在康康地区占主导地位。在康康地区使用的马林凯语被发展为一种标准化的统一书面曼丁语言，在几内亚和其邻国越来越多地被用于扫盲教育和出版书籍和报纸。

苏苏语主要在首都科纳克里的沿海地区使用。它在金迪亚地区也占主导地位。

在森林几内亚，当地居民使用多种民族语言，如科尼亚卡语、基西语和卡佩拉语等。

此外，因为宗教原因，阿拉伯语也在几内亚占有一席之地。

四　宗教

几内亚共和国的宗教由伊斯兰教、基督教和一些本土宗教信仰组成，占比分别约85%—89%、6%—8%和2%—9%，该国还有少量的无神论者和其他宗教信徒。

几内亚的穆斯林通常是马利基法学派的逊尼派，受到苏菲主义的影响，此外还有许多艾哈迈迪耶教派。基督教团体包括罗马天主教教徒、英国圣公会教徒、浸信会教徒、安息日会教徒和其他福音派团体。耶和华见证会在几内亚很活跃，并得到政府的承认。几内亚有一个小型的巴哈伊教社区。在外籍人士社区中，有少量的印度教教徒、佛教教徒和中国传统宗教团体。

几内亚宪法规定，几内亚是一个世俗国家，法律面前人人平等，不分宗教。几内亚政府的宗教事务秘书处旨在促进各宗教教派之间更好的关系，并改善民族间的紧张关系。宗教事务秘书长任命了六位国家主任，领导基督教事务、伊斯兰教事务、朝圣、礼拜场所、经济事务和捐赠以及总检查员等办公室。首都科纳克里的主要清真寺以及四个地区主要城市的主要清真寺直接受政府管理。

五　民俗

几内亚人在社交场合衣着整齐、得体。与客人见面时，一一握手，并报出自己的名字。亲朋好友相见时，习惯施贴面礼。几内亚人见面时的称谓要在姓氏前冠以先生、小姐、夫人和头衔等尊称，只在家庭和亲密朋友间使用名字。

几内亚的家庭单位通常很大，由多代人组成。一夫多妻制很常见，它既能使家庭复杂化，又能使家庭强大。习俗规定，第一任妻子，即长辈，负责调解冲突并监督家庭内部的分工。特别是在农村地区，和谐的一夫多妻制家庭有助于确保儿童保育、烹饪、销售和田间工作的充分分配。而在城市中，因为空间有限，在分配稀缺的物资和经济资源方面存在更多挑战。一些人拒绝一夫多妻制，一夫一妻制在受过西方教育的男性和女性中最为常见。多妻制使几内亚妇女的地位受到限制。

几内亚民族服装称为"布布"（Boubou），以棉布料为主，偏爱大提花和仿蜡染布，色彩鲜艳，反差搭配，图案夸张，富于变化。男服以单色为主，制作方式简单，无领无袖，讲究宽松制逸，麾下生威，穿着不随体，一衣多用，既可遮体、遮阳、遮雨，亦可御寒、睡觉铺垫、用内藏的大口袋携贮钱物等。有身份的男性在正式场合头戴白毡帽与白色尖皮拖鞋。比较讲究的女装多用刺绣，翘肩，低胸等，并习惯将包头布、上衣和下身裹裙用同样布料制成。在庆典活动等公共集会上，同一团体的女性喜爱穿同一花色的服装。女装用料很长，平时可缠在腰间，有孩子时可将婴幼儿很安稳地塞在后背，衣角打结即可作为钱包。男女平时均习惯穿夹脚拖鞋，女性花样繁多的拖鞋可出席任何场所。当地人不耐寒，如气温在20℃左右时就要穿舶来的保暖服装。城市居民的服装趋向简化和西化。

几内亚饮食多元化，以米饭为主，配以牛肉、鱼肉、蔬菜的汤汁。普通百姓习惯用手抓饭，也喜欢西餐和中餐。边走边吃是不礼貌的。访客在用餐时间来到院落，会被邀请加入用餐行列。食物通常用大碗盛放并用勺子吃。

几内亚属于地广人稀的不发达国家，居民住房基本上都是平房和二层楼房。城乡居住条件差异很大。在大城市里，尤其在首都科纳克里，有许多舒适住宅。高档的住宅都是花园别墅，占地很广，四周有草坪、游泳池、高大的芒果树、椰子树和棕榈树等热带树木，在住房门前有用花岗岩石块砌成的平台。有的住宅在花园中间还有一片花岗岩石块铺就的小广场，是晚间交际活动的场所，晚上举行家宴或招待会，都在这样的室外场地举行。有的在花园深处的热带树林里还有用麻绳编织成的吊床，躺在上面像是躺在悬空的渔网里一般，非常舒适。这样的花园别墅多数是平房或二层楼房，室内有宽敞的客厅、书房和舒适的卧室。但城市下层居民的住房都很简陋，多数是白铁皮贫民房，居住条件也非常差，没有电，也没有下水道。

农村的住房多数仍是最原始的圆拱屋顶的茅草房。这种茅草房远看是蘑菇形，围墙是用泥垒起来的，房顶是用草秸盖成的。没有窗户，门只有一米左右高，人进出需要低头弯腰，门宽刚好能进一个人。这种房子因是草泥结构，所以能抗暑；没有窗，门又小，所以能防雨；非常低矮，就不容易为非洲常有的龙卷风所刮倒。室内没有什么家具，只有一张牛皮或一条草席，铺在地上晚上当床睡觉，白天当凳子坐。没有厨房，就在房前屋后用几块砖搭起来的炉灶上做饭。吃饭用手抓着吃，炊具餐具都很简单。农村稍好一点的房子是白铁皮房，也有砖瓦房，但只是少数有钱人家的住房。

在农村地区，依然保存着男女割礼的习俗，男童按教规剪除包皮尚有积极的生理作用，而女性割礼则可以称为蛮俗。据几内亚1999年10月21日"反对女性割礼日"活动报道，估计全世界现有1亿—1.32亿女性仍受到此类蛮俗摧残，这种现象主要集中在28个非洲国家，由于不洁割礼造成感染伤亡者甚众。

六　文化生活

音乐是几内亚文化的核心，传统上可以根据该国的地理和民族语言区域分为不同的类型。尽管这些地方的音乐风格各不相同，但都以大量使用打击乐器和弦乐器为特征。最著名的风格之一是曼德音乐，科拉琴（kora）是曼德音乐最重要的乐器，用干燥的空心葫芦制成，形似竖琴。

几内亚独立后出现的专业几内亚国家芭蕾舞团保留了一些不同民族和地区群体的舞蹈和音乐。现代舞蹈和流行音乐方面的创造性成就使几内亚音乐家和歌手享有国际声誉。著名的当代几内亚音乐家之一莫里·坎特（Mory Kanté）将传统音乐与西方的节奏相结合。

1984年前，艺术和文学表达在很大程度上被单一政党及其领导人限制在非洲主题上。因此，独立后的几内亚作家表现出强烈的民族主义意识。

与非洲其他地方一样，几内亚的手工业在殖民时代由于受到人造消费品的竞争而急剧萎缩。自独立以来，由于缺乏旅游业和创意营销，当地手工艺的变化和创新受到了限制，因此几内亚生产的皮革制品、木雕和珠宝往往比非洲西部其他地方更具民族特色。

七 医疗卫生

几内亚医疗水平不发达，缺医少药现象严重。据统计，几内亚婴儿死亡率达6.4%，5岁以下儿童死亡率高达16.3%，人口平均寿命60.3岁。主要疾病和传染病有埃博拉病毒、疟疾、霍乱、伤寒、肝炎、腹泻、肺结核、艾滋病等。

几内亚拥有国家级中心医院3所，即东卡医院（Hôpital Donka）、亚斯汀医院（Hôpital Ignace Deen）和中国援建的中几友好医院（Hôpital de l'amitié Sino-Guinéenne），各大区国立医院7所，县级医院26所，县级以下各类诊所、卫生中心等医疗机构1031个。几内亚药品和医疗设备全部依赖进口，进口国包括法国、中国、比利时、瑞士、尼日利亚、印度等。全国医护人员总数约1000人，其中一半分布在首都各医疗机构。国家财政分配给卫生领域的投入只占国家预算的2.3%。中方员工人数较多的合作项目配备中国医生。

几内亚面临着持续的健康挑战，主要受到以下卫生风险的影响：

埃博拉 2014年3月，几内亚暴发埃博拉疫情，给几政治、经济、社会各领域造成巨大冲击。2014年6月埃博拉疫情扩散到邻国塞拉利昂和利比里亚。2014年8月，几内亚关闭了与塞拉利昂和利比里亚的边界，以控制病毒的传播。

2015年12月29日，世界卫生组织宣布几内亚埃博拉疫情结束。在随后90天强化监测期中，几内亚再次报告7例埃博拉疫情确诊感染病例和3例疑似病例。2016年6月1日，世界卫生组织宣布几内亚第二次埃博拉疫情结束。此次疫情共造成超过3700人感染，2000余人死亡。

"不卫生的埋葬方式"是该疾病的传播源。世界卫生组织（WHO）报告指出，无法与当地社区接触，阻碍了卫生工作者追踪病毒来源和菌株的能力。

虽然世卫组织于2016年3月29日终止了国际关注的公共卫生紧急情况（PHEIC），但3月30日发布的埃博拉疫情情况报告证实，在之前的两周内又新增5个病例，疫情仍未完全结束。

埃博拉疫情影响了几内亚其他疾病的治疗。由于对感染的恐惧和对医疗系统的不信任，民众的医疗就诊率下降，由于埃博拉疫情的暴发，该系统提供常规医疗和艾滋病治疗的能力下降。

艾滋病 截至2004年年底，约有17万名成人和儿童被感染。2001年和2002年进行的监测调查显示，城市地区的艾滋病感染率高于农村地区。在科纳克里（5%）和与科特迪瓦、利比里亚和塞拉利昂接壤的森林几内亚地区的城市（7%），流行率最高。

艾滋病主要通过多伴侣异性性交传播。男性和女性感染艾滋病的风险几乎相同，15—24岁的年轻人最容易感染。2001—2002年的监测数字显示，商业性工作者（42%）、现役军人（6.6%）、卡车司机和丛林出租车司机（7.3%）、矿工（4.7%）以及患有肺结核的成年人（8.6%）的感染率很高。

有几个因素助长了艾滋病在几内亚的流行，包括无保护的性行为、多个性伴侣、文盲、地方性贫困、不稳定的边界、难民迁移、缺乏公民责任感以及医疗和公共服务稀缺。

新冠疫情 2020年3月，几内亚暴发新冠疫情。几政府迅速采取启动卫生应急响应机制、关闭边境、实行宵禁等措施。据官方统计，截至2021年年底，几累计确诊32823例，死亡395例，死亡率1.2%。2021年3月，几启动新冠疫苗接种计划。

疟疾 几内亚的所有人口都面临着疟疾的风险。据卫生部称，疟疾是普通民众就诊、住院和死亡的主要原因。在5岁以下的儿童中，疟疾占就诊人数的31%，住院人数的25%，住院死亡人数的14%。疟疾的传播是全年的，在大多数地区，7—10月是传播高峰期。大多数感染是由恶性疟原虫引起的。2011—2018年，几内亚的疟疾项目取得了许多重要的里程碑：两次长效驱虫蚊帐（ITNS）的普及运动，青蒿素类复方疗法的引进，快速诊断测试的推广，以及最近的寄生虫血症知识普及，指出在2012年人口与健康调查（44%）和2016年多指标类集调查（15%）之间，5岁以下儿童的疟疾患病率大幅下降。国家疟疾战略包括通过产前护理、疫苗接种诊所、学校和群众运动、免费持续分发驱虫蚊帐等。

营养不良 营养不良是几内亚的一个严重问题。2012年的一项研究报告称，几内亚慢性营养不良率很高，各地区的比例在34%—40%不等，在上几内亚的采矿区，急性营养不良率超过10%。调查显示，139200名儿童患有急性营养不良，609696名儿童患有慢性营养不良，另有1592892名儿童患有贫血。护理方法的落后、获得医疗服务的机会有限、卫生习惯不足以及食物缺乏多样性，都是造成这些问题的原因。

孕产妇和儿童保健 2010年，几内亚每10万名新生儿的产妇死亡率为680人。相比之下，2008年为859.9人，1990年为964.7人。5岁以下儿童死亡率为每1000名新生儿146人。在几内亚，每1000名活产婴儿中只配备有1名助产士。几内亚是世界上女性生殖器切割比例第二高的国家。

八 体育

在20世纪下半叶，几内亚的体育以足球为主。几内亚在奥运会上没有赢得过任何金牌，但赢得过两枚银牌和一枚铜牌。该国未参加过冬季奥运会。

在几内亚，足球是该国最受欢迎的运动，由几内亚足球联合会（Fédération Guinéenne de Football）管理，该联合会管理几内亚足球队以及全国联赛，成立于1960年，自1962年起加入国际足联（FIFA），1963年又加入非洲足球联合会（Confédération Africaine de Football）。

几内亚足球队队名是"Syli Nationale"（国象），自1962年以来一直参加国际足球比赛，但没有进入过国际足联世界杯的决赛。在1976年的非洲国家杯上获得亚军。

九 新闻媒体

几内亚的媒体多由政府拥有或控制，审查非常严格。目前几内亚有250多种新闻出版物，10余种报纸定期出版。《几内亚通讯社每日新闻公报》和《自由报》为官方法文报刊。发行量较大的私营报纸有《猞猁》《宁巴报》《外交官报》《观察家报》《独立报》等。

几内亚广播电台为官方电台，每天用法语、颇尔语、马林凯语和苏苏语等对内广播，用英语和法语等对外广播。广播电台由首都、拉贝、康康和恩泽雷克雷4个转播中心组成，基本覆盖全国的主干中波广播网。其中，首都台为短波台。目前，各主要城市均开通了私人电台，以调频方式播放。法国国际广播电台和英国广播公司在几内亚首都 24 小时播放法语和英语节目。经过国际组织的多次施压，2006 年几内亚政府向几家外国广播电台颁发了许可证。然而，对于广播、电视和报纸，外国的多数信息受到限制。

几内亚国家电视台成立于 1989 年 5 月，播放两套电视节目，可覆盖全国主要城市。日平均播出时间为 16 个小时，周六、周日延长 2 小时。

? 思考题

① 几内亚所处位置有何特点？
② 几内亚的人口特点有哪些？
③ 伊斯兰教对几内亚有怎样的影响？
④ 几内亚不同时期执政者的执政特点分别是什么？

第二章

历史沿革

如今的几内亚在殖民列强划定的现有地理边界内诞生，然而这片土地历史悠久，并受到其他国家的影响。在几内亚进行的考古研究证实，现今几内亚的农业和渔业已有3000年的历史。随着撒哈拉沙漠的干旱，人们迁移到更为湿润的南部地区，富塔贾隆地区（Fouta-Djalon）绿色的山谷和尼日尔河（Niger）上游肥沃的盆地有利于采集、狩猎和捕鱼，很早就吸引了人们在该地区生活，成为牧民和农民社群聚集地。一些族群向着巴芬（Bafing）和法莱梅（Falémé）河谷迁徙，而另一些定居在尼日尔河的内陆三角洲地带，他们以农业、养殖和金属冶炼为生，建立了相对稳定的政治秩序和社会秩序。

从8世纪开始，随着跨撒哈拉贸易的发展，伊斯兰教逐渐传入几内亚地区，早期的伊斯兰教传播主要集中在沿海地区和几内亚内陆的贸易路线上。最早接受伊斯兰教的是马林凯人（Malinké）和苏苏人（Soussou）。

马林凯是几内亚最大的民族之一，他们居住在几内亚中部和东部地区。马林凯人在11世纪和12世纪逐渐接受了伊斯兰教，这主要得益于与北部非洲和阿拉伯地区的穆斯林进行的贸易和文化接触。马林凯人的领袖和贵族在伊斯兰教的传播中起到了重要作用，他们成为伊斯兰教的传教士和支持者。

苏苏是几内亚南部地区的一个民族，也是该地区最大的民族之一。苏苏人在13—14世纪开始接受伊斯兰教。他们的领袖和精英阶层起到了推动伊斯兰教传播的关键作用。苏苏人的王国和城市成为伊斯兰教的中心,吸引了信仰伊斯兰教的学者和传教士。伊斯兰教的传播改变了几内亚的宗教、文化和政治格局。

总体而言,伊斯兰教的传入和政治力量的更迭对几内亚的社会和文化产生了深远影响。这些历史事件为后来几内亚共和国的形成奠定了基础,并对该国如今的文化和社会发展产生了重要影响。

第一节 古代史

一 加纳帝国(Empire du Ghana)

几内亚的历史与西非第一个已知的国家——加纳帝国(4—11世纪)密切相关。加纳帝国是位于现今西非地区的一个古老而强大的帝国,它是西非历史上最早、最重要的帝国之一,也被认为是撒哈拉以南非洲历史上的第一个帝国。

加纳帝国位于今天几内亚的北面,几内亚地区的某些地方曾在加纳帝国的领土范围内。在加纳帝国的鼎盛时期,其领土包括西非尼日尔河上游和塞内加尔河流域,覆盖了现今的马里共和国、几内亚共和国、塞内加尔和毛里塔尼亚等地的部分区域。由于几内亚的一部分曾属于加纳帝国,加纳帝国无疑对几内亚地区的政治和经济发展产生了一定的影响,尤其是几内亚的北部地区是该庞大地缘政治体的一部分。

加纳帝国的经济主要依靠黄金的开采和贸易,尤其是位于当前几内亚布雷地区(Bouré)的锡基里金矿(Siguiri),加纳帝国又被称为黄金国度,阿拉伯地理学家阿尔·法扎里就将其称为"黄金之国"。加纳帝国因西非对北非的贸易兴盛而繁荣(加纳帝国的商人从几内亚带回黄金在国内贩卖,阿拉伯商人以盐、杂货、贝壳等物换取黄金)。

加纳帝国还掌握了北方盐矿和南方黄金矿之间的贸易通道，有效地控制和调节黄金贸易，通过控制贸易路线和黄金资源，成为当时西非地区的经济中心。这一系列经济活动使得加纳帝国与几内亚地区的贸易有一定的联系，并对当地的经济活动产生了深远影响。

二　索索王国（Royaume de Sosso）

在1077年加纳帝国灭亡后，索索王国获得了独立，一位萨拉科莱族（Sarakoléfonde）首领在库利科罗地区（Koulikoro）建立了索索王国。大约在1180年，索索·克莫科（Sosoe Kemoko）统一了卡尼亚加（Kaniaga）和索索地区（Sosso），赢得了该地区的统治权，他的儿子桑古尔纳（Soumaoro Kanté）在约1200年继任，是索索王国的最著名的统治者。

索索王国在经济、军事和政治方面都取得了显著的成就，在桑古尔纳统治下于1230年达到巅峰。桑古尔纳是一位富有军事才能和政治智慧的统治者，在1203年成功占领了加纳帝国的首都，今位于毛里塔尼亚的昆比萨利赫（Koumbi Saleh），并建立了强大的军事力量，统一了九个王国，扩大了王国的领土。王国的经济以农业和贸易为基础，特别是稻米和棉花的种植。索索王国善于炼铁和经商，同时靠近金矿，经济十分发达。索索王国通过控制贸易路线，与北方的撒哈拉地区和东部的马里帝国进行贸易往来，从而获得了巨大的财富。

然而，索索王国的统治并不是一帆风顺的。在13世纪末和14世纪初，马里帝国的松迪亚塔·卡塔（Soundiata Keïta）率领马里军队对索索王国发动了一系列的战争和征服。最终，于1235年的基里纳战役（Bataille de Kirina），马里帝国战胜了索索王国将其吞并，将该地区纳入自己的版图。马里帝国成为这一地区的主要政治和经济力量，为后来的帝国建立了基础。索索王国的灭亡标志着马里帝国在几内亚地区的统治，这一帝国成为几内亚历史上的重要政治和经济力量。

根据马林凯研究者索洛马纳·康特（Solomana Kanté）的研究，正是在基里纳战役之后，索索人逃离了索索王国，向西迁徙，在13世纪末定居在如今的富塔贾隆地区，16世纪因外族的到来以及伊斯兰教的传入再次西迁，在几个世纪的迁徙和通婚中，他们逐渐放弃了自己的语言。

三 马里帝国（Empire du Mali）

马里帝国，又名马林凯帝国（Empire Mandingue），然而，帝国的居民一直称他们的国家为曼登（Manden）或曼德（Mandé）而非马里。在班巴拉语（Bambara）中，"man"指的是海牛，"den"的意思是"孩子"，因而"manden"的意思是"海牛的孩子"。"mali"在班巴拉语中也有"河马"的意思，而河马恰好常见于班巴拉人居住的国家南部。颇尔族，又称富拉尼族（Foulani）或富拉族，因国家不同而称呼不同，颇尔族则称马里人为"Malinké"，其字面意识是"好运"，将其视为"带来好运的人"。

马里帝国是西非中世纪时的一个强大伊斯兰教帝国，是古代非洲最重要的伊斯兰文化与财富中心之一，是西非历史上最重要的帝国之一。其辖境包括今马里南部、塞内加尔北部、几内亚南部、毛里塔尼亚等地区，是撒哈拉沙漠游牧民族和赤道非洲民族之间的重要交会点。以其丰富的黄金资源、强大的军事力量和繁荣的文化而著名。帝国语言为马林凯语，其语言、法律及风俗也影响着当时西非各国的文化。

马里帝国起源于位于今日几内亚北部和马里共和国南部的马林凯族的小王国联邦。当时该联邦主要由12个王国组成，凯塔·科纳特（Keita Konaté）家族只是其中之一。1050年前后，凯塔·科纳特家族战胜了其他家族，他们皈依伊斯兰教并拒绝屈服于加纳帝国。松迪亚塔·卡塔率领马里人反抗了索索王国的统治，最终取得了胜利，马里帝国于1235年建立。松迪亚塔·卡塔被尊称为"曼萨"（Mansa），意为"万王之王"，他被认为是马里帝国的奠基者和先驱者，这一称呼被马里帝国后继的统治者们所沿用，马里帝国前后共有大约21位统治者，分为多个王朝。松迪亚塔·卡塔去世后，他的几个儿子和孙子继位，随后马里帝国又经历了数位统治者。在14世纪初，马里帝国在坎库·穆萨（Kankou Moussa）统治时期达到力量巅峰，版图从伊福加斯山（Adrar des Ifoghas）到冈比亚河河口（Gambie）。1324年至1325年，坝库·穆萨进行了一次豪华的朝觐之旅，他带着大量奴隶和贵重的礼物前往麦加朝拜，向途经的城市和国家展示了帝国的财富和实力，其中包括埃及、沙特阿拉伯和其他伊斯兰国家。他在沿途大量使用黄金，导致埃及和近东的黄金价格大幅度下降长达12年。坎库·穆萨在朝圣之后回到马里帝国，他采取了一系列的措施来推动帝国的发展。他鼓励贸易和商业活动，修建了许多市场和贸易中心，建造了许多重要的建筑物和宫殿，全面促进了帝国经济的繁荣。在坎库·穆萨统治期间，伊斯兰教文化在马里达到了一个新的高度，廷巴克图（Timbuktu）、杰内（Djenné）等城市也成为重要的贸易、学术和文化中心。

马里帝国在坎库·穆萨统治期间达到了巅峰，而在他去世后，帝国逐渐陷入了衰落。内部的统治争端、领土扩张的挑战和经济问题导致了帝国的分裂和削弱。1360年后，马里帝国出现内乱，国力下降，属下各族纷纷独立。1375年，加奥（Gao）获得独立，其后逐渐发展成为桑海帝国（Empire des Songhaï）。

马里帝国是西非历史上最重要和最有影响力的帝国之一，对地区的政治、经济和文化产生了深远的影响。

在贸易和经济方面，马里帝国的繁荣主要建立在黄金贸易上。帝国控制了重要的贸易路线，与北非、地中海和中东地区进行了广泛的贸易往来。这为帝国带来了巨大的财富和繁荣，也促进了区域经济的发展。

在伊斯兰教的传播方面，马里帝国统治者信仰的伊斯兰教对该地区宗教格局产生了重大影响。伊斯兰教在马里帝国得到了广泛传播，成为帝国的主要宗教，并影响了后来的王朝和国家。

在文化和学术方面，马里帝国是一个文化繁荣的帝国，吸引了众多学者、艺术家和文化精英。帝国的学术机构和图书馆蓬勃发展，成为西非的知识中心。马里帝国的文化影响力传播到整个非洲和中东地区。

在建筑和艺术方面，马里帝国留下了许多壮丽的建筑和艺术作品，展示了帝国的繁荣和文化成就。其中最著名的是位于现今马里共和国的詹嫩贝尔大清真寺（Grande Mosquée de Djenné），被联合国教科文组织列为世界文化遗产。

四　桑海帝国（Empire des Songhaï）

马里帝国衰亡后，其领地成为桑海帝国的一部分。桑海帝国在历史上驱逐了大批马林凯族人，并将他们驱赶到几内亚东部地区。这导致了原本居住在该地区的托马族（Toma）和基西族（Kissi）等民族被排挤到东南部的森林区。西北和中西部的富塔贾隆地区因其优渥的自然资源吸引了游牧民族颇尔族人前来定居，成为颇尔族的主要居住地区，颇尔族将其他民族驱逐到几内亚的西部沿海地区。这样的驱逐和迁徙造成了几内亚各个民群在地理上的分布格局的改变，一直保持至今。

桑海帝国原为桑海人（les Songhaïs）7世纪时在登迪建立的小王国，后迁至加奥，主要靠农业和畜牧业活动为生，也靠手工业为生。先后臣属于加纳帝国和马里帝国，逐渐皈依伊斯兰教。桑海帝国的范围包括今几内亚、布基纳法索、塞内加尔、马里、毛里塔尼亚、尼日尔和尼日利亚的部分地区，

1450年后，葡萄牙开始在马里帝国的大西洋沿岸掠夺奴隶，马里试图同葡萄牙联合反对日益强大的桑海帝国，但是葡萄牙决定严守中立。15世纪后期，桑尼·阿里（Sonni Ali Ber）即位后沿尼日尔河大力扩张，占领马里帝国中心城市廷巴克图，正式建立桑海帝国。桑海帝国最盛时期领土西至大西洋，东至豪萨人区域，北至摩洛哥南境，是西非历史上"黑人"原住民最后的帝国。

在桑尼·阿里死后，1493年，穆罕默德·图雷（Mohamed Touré）将军发动叛乱，篡夺皇位，成为阿斯基亚·穆罕默德一世皇帝（Askia Mohammad I），桑海帝国在他的统治下迎来复兴和黄金时代，疆域北达今天马里的塔加扎（Taghaza），南达今天布基纳法索雅滕加省（Yatenga）境内，东至艾尔高原（Massif de l'Aïr），西达富塔贾隆地区（Fouta Djallon），桑海帝国的势力史上首次延伸到了南方的豪萨城邦（Haoussas）地带。阿斯基亚在其统治时期建立了高效的官僚管理制度。在贸易方面，桑海帝国依靠撒哈拉贸易和矿产资源迅速繁荣，向北非出口盐、黄金、龙涎香及奴隶，其中河马皮鞣制成的盾牌在摩洛哥很有声望。与马里帝国一样，桑海成为商品交易的中转站。此外，桑海帝国在阿斯基亚·穆罕默德一世统治时期还建立了标准化的商贸规则和统一度量衡体系，并创制了基本的税收体系。在教育方面，阿斯基亚创建了许多学校，汇集八方人才，并将伊斯兰教确立为帝国不可分割的一部分，桑海帝国的学术领域在他的统治时代迎来兴盛，这一时期的廷巴克图学者的著作仍是当今学者研究中世纪非洲历史重要的参考文献。

阿斯基亚·穆罕默德一世去世后，桑海帝国陷入衰落，1591年，摩洛哥人入侵，艾哈迈德·阿尔·曼苏尔·赛义德（Ahmed al-Mansur Saad）派遣一支由4000名装备有火枪的士兵组成的军队，于1591年3月在通迪比战役（Bataille de Tondibi）中击败了阿斯基亚·伊萨克二世（Askia Ishaq Ⅱ）的4万名士兵，他们夺取了桑海帝国的领土，并洗劫了加奥、廷巴克图等城市，桑海帝国宣告终结。1735—1898年，在几内亚中部建立了一个拥有宪法的国家。

第二节 近代史

马里帝国及桑海帝国的衰落留下了政治真空，导致几内亚地区出现了多个小国家和王国，这些王国在几内亚地区的政治和军事竞争中崭露头角，在这期间西非经历了种族大迁移，今天几内亚四大自然区的种族分布格局就是在那个时期形成的。

17世纪末至19世纪70年代，几内亚内地经历了一场西非地区的伊斯兰教复兴和统一运动。在这个时期内陆地区出现了几个伊斯兰神权国家，杜布雷卡王国（Royaume de Dubréka）、富塔国（Fouta）、图库勒尔帝国（Empire Toucouleur）和瓦苏鲁帝国（Empire Ouassoulou）。这些国家兴起于伊斯兰教圣战，旨在巩固伊斯兰教的影响力和统治地位，这些国家都以伊斯兰教为主要宗教，伊斯兰教的价值观和法律体系在其统治下发挥重要作用。这些国家的统治者通常自封为伊斯兰的保护者和领导者，并通过伊斯兰法规范社会生活。

一 富塔国（Fouta）

富塔国位于今几内亚共和国中部山区，16世纪中期，颇尔族定居于几内亚中部高原地区，逐步形成了酋长国。17世纪中期，伊斯兰教传入富塔贾隆地区，伊斯兰教法开始实施。1725年，对伊斯兰教研究颇深的卡拉莫科·阿尔法·巴里（Karamoko Alpha Barry）率领一支以颇尔人为主的多民族联盟，在塔兰桑战役（Bataille de Talansan）中取得胜利。卡拉莫科·阿尔法·巴里自称阿尔马米（Almami），取"信徒的指引者"之意，富塔国由此成立。

富塔国分为九个省，各省的首领称为阿尔法（Alfa），每个阿尔法负责解放自己在圣战中夺取的领土。因此，卡拉莫科不仅是阿尔马米，还是廷博（Timbo）的阿尔法。阿尔马米的权力不仅受到不同省份的高度自治的限制，还受到一个由长者组成的议会的限制，该议会在福贡巴（Fugumba）召开。

富塔国采用了伊斯兰教法和福拉法律来管理社会和政治事务，阿尔马米是伊斯兰教的宗教和政治领袖，他们享有权力，包括军事、政治和宗教事务的管理。富塔国的社会内部有明显的等级划分，采用了奴隶制度。富塔国的统治结构包括贵族阶层、自由人和奴隶，其中自由人的底层是"草原颇尔人"（Peuls de brousse），他们在经历了圣战后才皈依伊斯兰教，他们因务农和饲养家畜被贵族视为不洁，他们被其他自由公民以税收和苦役的形式剥削。奴隶在社会中被视为财产，几乎全是非穆斯林，来自许多不同的国家和民族。在农业、畜牧业和其他劳动领域中被使用，为颇尔族的贵族服务。随着时间的推移，奴隶制度逐渐引发了社会内部的矛盾，18世纪末在该国爆发了数次抗议伊斯兰教的奴隶起义。

约1751年，在卡拉莫科去世以后，阿尔马米（领袖）的头衔传给了伊布拉希玛·索里·莫多（Ibrahima Sori Mawdo），他在位期间，富塔国达到了政治和军事上的巅峰，伊布拉希玛对周围的民族采取了激进的军事政策，并与索利玛纳王国（Solimana）结盟，再次以圣战的名义向周边地区开战，扩大了该地区的领土并加强了对周边地区的控制，但本质是将周围的民族奴役，使贵族受益，并将奴隶卖给欧洲和阿拉伯的穆斯林商人，他的动机更多的是商业性而非宗教性。富塔国和索利玛纳的联盟在1762年被桑卡兰（Sankaran）国王孔德·布拉马（Kondé Bourama）击败。此后，索利玛纳退出了联盟，1762年，桑卡兰占领了富塔国的政治首都廷博。但在进攻宗教首都富古巴（Fougoumba）的时候，富塔国却进行了顽强反击，并最终不仅击退了桑卡兰，还在1776年将其推向东部平原，这场胜利巩固了伊布拉希玛的权威。富塔国在其辉煌时期的影响力延伸到了其他广泛的地区。在富塔贾隆地区建立了稳定的政治和社会结构，并发展了农业和畜牧业。农作物种植包括水稻、福尼奥米和甘薯等。商业也是富塔国的重要经济来源，主要是与沿海地区的欧洲商人进行贸易。此外，奴隶贸易也成为富塔国的一项重要经济活动。

在伊布拉希玛去世后，富塔国开启了一段无政府状态时期，他的儿子萨杜（Sadou）被卡拉莫科之子阿卜杜莱·巴登（Abdoullaï Bademba）的支持者暗杀。随后，阿尔法亚（Alfaya）和索里亚

(Soriya）两个家族轮流治理富塔国，大大削弱了与阿尔法亚有关的中央权力，这一阶段的富塔国的国家组织形式成为一种分权的范例，其中以村委会（Conseil de village）作为基础，通过直接选举选出代表。

法国于1838年开始对几内亚进行殖民统治，19世纪末，法国殖民势力开始进入该地区并与富塔国展开冲突。趁着王位继承的分歧，阿尔弗雷德·多兹（Alfred Dodds）指挥的法军占领了首都廷博，富塔最后一位阿尔马米，博卡尔·比罗（Bokar Biro）在1896年的波雷达卡战役（Bataille de Porédaka）中被击败。最终，富塔国在1897年与法国签订条约，接受法国的保护，逐渐失去了独立性。

二 图库勒尔帝国（Empire Toucouleur）

图库勒尔帝国，大约存在于1861—1890年，由图库勒尔族的哈迪·乌玛·塔尔（El Hadj Oumar Tall）建立，是19世纪在西非从塞内加尔向东到廷巴克图（Tombouctou）繁荣的伊斯兰教神权政权，位于现今的马里部分地区。

帝国的创始人乌玛·塔尔是严肃的蒂贾尼耶兄弟会的一名图库勒尔神职人员，23岁时，乌玛出发前往麦加朝圣，因其虔诚和博学而闻名，并在他所到之处的国家受到尊敬的接待，并迎娶了穆罕默德·贝洛（Muhammad Bello）的女儿玛丽亚姆（Maryam）。在贝洛去世后，他返回自己的祖国，希望在法国的协助下征服富塔地区，并达成一个贸易条约。然而，法国拒绝了这个协议。乌玛意识到，没有武力支持的信仰是无效的，并为他的任务做出了周密的准备。他于1848年前后与他的追随者搬到现位于几内亚的富塔贾隆地区边界的丁吉拉耶（Dinguiraye），着手训练一支集宗教、军事和商业考虑于一体的精锐部队，准备建立一个新国家。这支部队配备了欧洲火器，到1850年前后已准备好对邻国发动圣战。1854年3月，他发布了圣战令，以清除异教徒并让迷失的伊斯兰教信徒回归信仰。

首先与班巴拉酋长国向北进攻，两年后再次向北跨越塞内加尔河上游，于1856年征服了卡尔塔（Kaarta）的班巴拉王国（Royaume bambara）。在与法国殖民军进行斗争时，他在科尼亚卡里（Koniakary）修建了一座要塞。1857年4月，他向卡索王国（Royaume du Khasso）宣战，并包围了麦地那要塞（Médine），后被法军攻下。在1857年征服麦地那要塞失败后，他放弃了对法国殖民地的直接进攻，转而攻打班巴拉王国（Royaumes Bambaras）。1861年3月10日的塞古战役（Bataille de Ségou）中，他取得了决定性的胜利，并将塞古定为帝国的首都。一年后，他将塞古的管理权交给了自己的儿子阿赫马杜·塔尔（Ahmadou Tall），自己则前往哈马杜拉（Hamdallaye）的马西纳帝国（Empire du Macina），后撤退至靠近多贡地区邦贾加拉（Bandiagara）的迪贡贝尔（Deguembéré）。1864年，他在自己火药储备库的一次爆炸事故中去世。

图库勒尔帝国虽然几乎与东部的索科托富拉尼帝国（Sokoto Caliphate）一样大，但基础却没有那么牢固，乌玛靠掠夺土地维持生计，通过施加恐怖政策来迫使异教酋长们屈服。无论乌玛·塔尔最初的动机是什么，他的追随者似乎既关心积累财富和权力，也关心让臣民皈依伊斯兰教，被征服的地区发动了多次反对图库勒尔权威的起义，不断震动着帝国。

在乌玛·塔尔去世后，他的继承人阿赫马杜·塔尔（Ahmadou Tall）不仅因内部冲突和权力争夺而受到干扰，还遭受着法国的入侵，法国在图库勒尔领土内建造堡垒，并与图库勒尔的邻国签署友好条约。1890年后，法国军队与班巴拉结盟，横扫图库勒尔帝国。阿赫马杜·塔尔先是逃到了马西纳（Macina），然后在1893年定居于索科托（Sokoto），这标志着图库勒尔帝国的真正灭亡。

三 瓦苏鲁帝国（Empire Ouassoulou）

在乌玛·塔尔去世以后，图库勒尔帝国版图内的很多酋长都试图发动叛乱，夺取自己的土地，他们中最成功的当属萨摩利·杜尔（Samori Touré），瓦苏鲁帝国位于目前的几内亚东部、马里西南部和科特迪瓦北部，建立的准确时期尚无考证，但其独立贸易始于19世纪70年代前后。

萨摩利是一位军事和政治天才，他来自现今的几内亚地区，出生于1830年，是商人的儿子。在他成长的过程中，西非正通过与欧洲进行商品和工艺品的接触和贸易而逐渐发生转变。欧洲的贸易使得一些非洲贸易国家变得富裕起来。火器贸易改变了传统的西非战争模式，并加剧了冲突的严重性，增加了伤亡人数。1848年，萨摩利的母亲索霍娜·卡拉马（Sokhona Camara）在一场战争中被俘虏，并沦为奴隶。由于没有足够的钱将其赎回，出于对母亲的爱，萨摩利前去交换，必须为对方服务七年七个月零七天。也正是在那里，萨摩利学会了如何使用武器。在获得自由之后，萨摩利并没有立即返回家乡，而是成为托隆国王（Roi du Toron）的军队领袖。两年之后，萨摩利返回自己的部族。

他起初领导着一个小规模的军队，但很快通过一系列的军事征服和外交谈判，成功地将几个当地政权和王国纳入他的帝国。他采用了精心组织的军事策略和先进的军事技术，包括使用火枪、铁路和工程防御工事等。他的扩张主义运动首先针对他的邻国贝雷特（Bérété）和西塞（Cissé），然后是目前位于几内亚、马里、冈比亚和塞内加尔边界处的瓦苏鲁地区。1876年，他占领了布雷金矿，并于1878年自称帝国"法马"（Faama），以比桑杜古（Bissandougou）为首都，随后，1884年获得了阿尔马米（Almami）头衔，与"法马"这一军事领袖的头衔相比，阿尔马米即"信徒的领袖"，更侧重宗教方面，凸显了帝国作为一个社会共同体而不是一个军事国家。他的帝国迅速扩张，并对包括现今几内亚、马里、科特迪瓦和布基纳法索在内的广大地区产生了影响。

萨摩利帝国实行了高度中央集权的政治制度，他设立了各级行政机构和军事组织，以管理帝国的事务，萨摩利还实行了一套严格的法律和税收制度。

19世纪70年代末，法国人开始向西非扩张，随着欧洲列强的殖民扩张，萨摩利帝国面临着来自法国的殖民势力的威胁。萨摩利·杜尔领导着抵抗法国殖民者的战斗，他运用游击战和防御策略，使法国军队多次遭受重大损失。1883年法国殖民军占领尼日尔河畔巴马科时，他以伊斯兰教"圣战"为号召，组成穆斯林联军，率军进行反法战争，多次击退法军。然而，与法军的战斗并非一帆风顺，萨摩利在求助英国未果后，1886年3月28日他与法国签署了一项和平与贸易条约，承认法国在尼日尔河左岸的重要影响力。

1891年与法国殖民军重开战端，在法军优势兵力进攻下，主动撤退，转战象牙海岸和利比里亚。然而，法国最终占领了帝国的首都，并在1898年俘虏了萨摩利，这标志着帝国的终结。萨摩利在被法军俘虏后被流放加蓬，1900年卒于该地。

萨摩利帝国的历史充满了战争、征服和抵抗，萨摩利·杜尔的领导才能和抵抗精神使他成为西非历史上的一位重要人物。尽管帝国最终被殖民势力所征服，但帝国的遗产和影响仍然存在，并为该地区的发展和历史留下了深刻的印记。

富塔国、图库勒尔帝国和萨摩利帝国虽各具特点，但这些国家都致力于统一和扩张领土。富塔国、图库勒尔帝国和瓦苏鲁帝国的统治者通过军事征服和政治手段，逐渐将周边地区纳入他们的领域，并建立起中央集权的统治体系。在军事实力、经济发展、社会组织和行政体系建构等方面存在诸多共性。第一，这些国家都建立了强大的军事力量，以确保他们的统治地位。他们拥有精锐的军队，并在征战中展现出很高的战斗能力，这使他们能够征服其他部落和国家。第二，富塔国、图库勒尔帝国和瓦苏鲁帝国都位于重要的贸易路线上，通过控制贸易和资源，他们积累了丰富的财富和资源，为他们的军事扩张和文化发展提供了重要支持。第三，这些国家都建立了相对稳定的社会组织和行政体系，以管理和统治庞大的领土和人口，并且设立了行政机构、军事组织和司法机构，确保国家的正常运转。

但这些伊斯兰神权国家最终走向衰落，其原因既有外部的，也有内部的。从外部看，这些国家面临来自外部势力的持续压力，欧洲殖民势力在非洲地区扩张，与这些国家进行了冲突和战争，他们面临着来自欧洲列强的武力侵略、贸易限制和资源掠夺，这削弱了他们的军事实力和经济基础，而这些国家在其鼎盛时期恰恰依赖于贸易和资源控制，贸易受到限制，资源流失，造成了财政困难和社会不稳定，无疑对国家的经济基础和社会秩序产生了负面影响。从内部看，这些国家内部的统一性和稳定性受到内部分裂和权力争夺的威胁，统治者之间的争斗和继任问题导致政治不稳定，削弱了国家的集中权力的能力，这些分裂同时也为外部势力提供了机会，以分化并削弱这些国家。综上所述，这些内外因素相互作用，使这些伊斯兰神权国家走向衰落，最终导致了国家的统治崩溃并失去了对几内亚内地的控制。

尽管几内亚当时的经济与政治重心是在内陆，即富塔贾隆地区。然而，在几内亚沿海地区，随着沿海贸易的发展，出现了一系列分散的酋长国，如纳卢王国（Nalou）、朗杜马国（Landouma）、莫雷阿赫王国（Moreah）等，这些酋长国以自然村庄和部落为单位组织和统治，相对独立存在，在政治、经济和军事方面有一定的自治权。然而，这些酋长国的权力范围和影响力有限，没有形成统一的国家。

第三节 殖民史

1229—1230 年，一个西班牙乞丐在非洲进行了一次陆路旅行，提到了一个被称为富塔贾隆的国家，称"从那里流出的大河金光闪闪"[①]。

---

① André Arcin, *Histoire de la Guinée française*, Challamel, 1911, p. 185.

15世纪葡萄牙殖民者入侵,在几内亚建立了贸易关系和殖民地,随后西班牙人、荷兰人、法国人和英国人接踵而至,欧洲人于16—19世纪在海岸地区从事奴隶贸易。

19世纪40年代至19世纪末,法国殖民者与当地部落酋长签订了一系列所谓的"保护条约"。这些条约通常被用来正当化法国对这些地区的殖民统治,并在一定程度上通过与当地领导人的合作来维持秩序。这些协议在法国殖民扩张的过程中被广泛使用,旨在确保法国的控制,并为其在该地区的经济、政治和军事利益提供合法性。这些保护条约的签订通常包括一系列限制和责任,酋长接受法国的"保护",并在一些方面接受法国的指导和影响。然而,实际上,这些协议往往成为法国对这些地区实施直接控制的前奏。

从1850年开始,法兰西第二共和国开始对几内亚进行殖民,但遭到顽强抵抗,尤其是在几内亚内陆地区。普法战争后,法兰西第三共和国取代拿破仑三世的统治,将法国的殖民帝国大大扩大,在这一时期,法国对非洲各地进行了大规模的殖民扩张,试图将这些地区纳入法国的殖民帝国。在西非,法国逐渐将包括几内亚在内的毛里塔尼亚、塞内加尔、马里、科特迪瓦、贝宁、尼日尔、乍得、中非共和国及刚果共和国等地纳入自己的控制下。

1884年11月15日,柏林会议在德国首都柏林召开,此会议名义上是解决刚果河流域的归属问题,但实际上通过签署《柏林会议关于非洲的总议定书》来规定各国在非洲的势力范围,根据这一协议,几内亚被划定为法国的势力范围。这意味着法国在几内亚拥有殖民地统治权,对该地区实施直接的行政和经济控制。19世纪末20世纪初,针对几内亚的边界问题,法国分别与英国就塞拉利昂,与葡萄牙就其几内亚殖民地(现几内亚比绍)和利比里亚展开了谈判,在法国统治下,在法属西非形成了几内亚领土。几内亚在法国殖民时期经历了不同的行政改变,如今的几内亚的前身是法兰西第三共和国于1890年前后建立的殖民地,首都科纳克里也是此时确定的。

第二章 历史沿革

一 15世纪，葡萄牙的海洋帝国

几内亚沿海地区曾被葡萄牙人占领，葡萄牙在15世纪对几内亚的探索主要集中在西非沿海地区，其目的是寻找通往印度的海上航道。因此直至今日，很多大西洋沿岸地区的几内亚人的名字都源自葡萄牙语，努涅斯河（Rio Nunez）的名字亦与葡萄牙密不可分，名字取自葡萄牙航海家特里斯唐（Nuno Tristão）。受恩里克王子之命，特里斯唐于1441年开始前往非洲西海岸从事探险事业，在尝试印度航线之前，有必要协调各方努力并收集有关这些海域的知识。1445年，他的第三次航行越过撒哈拉沙漠继续向南航行，抵达了撒哈拉沙漠最南端的沿海地区，到达几内亚，并描述那里"长满了棕榈树和其他树种，土地也显得十分富饶肥沃"，葡萄牙人将所到之处称为"黑人的土地"（Terra dos Guineus）。

从15世纪开始葡萄牙人便开始了奴隶贸易，在与塞内冈比亚的一些强大黑人王国初步接触后，葡萄牙人意识到这些地方难以通过武力征服。因此，他们选择与当地的黑人酋长和商人进行和平交易，便捷地获取几内亚的奴隶。当时，葡萄牙人通过俘获或与当地统治者交易获得的奴隶主要被用于国内的农业劳动。此外，许多奴隶被押送到马德拉群岛从事甘蔗种植。甘蔗生长迅速，但在丰收后需要迅速加工成蔗糖，这对劳动力提出了巨大的需求。由于非洲的黑人提供了可用的奴隶劳动力，这促使了当时奴隶贸易的兴起。从1455年开始，每年约有800名奴隶被运往葡萄牙。在几内亚可以进行奴隶贸易的消息一经传开，许多葡萄牙的船主蜂拥前往。仅在1446年这一年间，就有51艘船前往几内亚，这无疑侵犯了亨利王子的垄断权[①]。

1448—1456年，恩里克王子（Infante D. Henrique）又称亨利王

---

① 顾卫民：《葡萄牙海洋帝国史（1415—1825）》，上海社会科学院出版社2018年版，第68—69页。

子，为了弥补在休达的失败，于1443年在特里斯唐（Nuno Tristão）发现的阿尔金角（Arguin）创建了一个重要的商站，该商站有城堡护卫，也是葡萄牙人在海外建立的第一个带有要塞的商站。这一商站成为撒哈拉西部转口贸易的一个关键点，葡萄牙人通过它能够控制与苏丹和几内亚当地的贸易。他们通过交换小麦、布匹、黄铜制品和马，获取从摩洛哥转运过来的奴隶、黄金和象牙。在这个时期，葡萄牙人发现非洲西海岸的奴隶贸易也能够带来巨大的财富，因此开始积极参与奴隶贸易。他们劫掠撒哈拉沿海地区的"黑人"营地、毫无防备的家庭和村庄，从而获取奴隶[①]。

1447年葡萄牙人越过冈比亚到了今几内亚西北部的博凯（Boké）。葡萄牙人用了约20年的时间，到1467年才完成对几内亚沿海的全部考察。与此同时，葡萄牙人还考察了塞拉利昂和利比里亚的大西洋沿岸。自15世纪下半叶起，逐渐开辟了从这些沿海河口通向内地的商业通道。在当时，几内亚的富塔贾隆地区的拉贝、东部的康康和库鲁萨等城镇成为西非沿海和内陆贸易的重要枢纽。1488年，葡萄牙探险家巴尔托洛梅乌·迪亚士（Bartolomeu Dias）成功穿越好望角，这也为连接大西洋和印度洋的海上航线铺平了道路。

1492年，法国人在亚速尔群岛（Açores）俘获了一艘葡萄牙帆船。值得注意的是，正是在这一年，教皇亚历山大六世（Alexandre Ⅵ）把非洲交给了葡萄牙。为了避免报复，路易十二（Louis Ⅻ）下令归还这艘船。

总体而言，15世纪的葡萄牙探险活动为日后更广泛的欧洲殖民主义提供了基础，也在贸易、文化和人口流动等方面对几内亚地区产生了深远的影响。几内亚传统的地区经济与政治重心也因而发生了深刻变化，其重心向沿海转移。

---

① 顾卫民：《葡萄牙海洋帝国史（1415—1825）》，上海社会科学院出版社2018年版，第69—70页。

二　16—19世纪，欧洲人的探索

欧洲人抵达沿海并从事奴隶贸易，同时也进行自然资源的贸易，黄金、象牙、种子和木材是主要的出口产品。到达了索索王国的巴加（Baga）人居住的地区后，后者不熟悉货币或火器，用各种用于交换的物品来交换他们的俘虏。欧洲奴隶主之间的竞争有时很激烈，时而引发海战。

来自美洲的发现意外地推动了奴隶贸易的蓬勃发展。印第安人数量稀少，被征服者屠杀，又因身体虚弱，无法从事矿山和种植园的劳动，因此被黑人所取代，后者以其强壮而闻名。如果说诺曼底人去非洲寻找的更多的是黄金、象牙、香料和木材，而西班牙人和葡萄牙人则是去那里购买或劫持奴隶，并先将他们运往海地，然后运往整个美洲。1520年前后，西班牙人在圣地亚哥设立了奴隶仓库。

当时的人们还购买黑人用于在战舰上划桨，这种情况一直持续到18世纪。在路易十四统治时期，一定数量的黑人每年被提供给国王。1714年，法国在几内亚建立了第一个贩卖奴隶的码头，1716年10月的一项法令允许将奴隶带到法国进行宗教或手工教育。

西班牙的加的斯港（Port de Cadiz）和葡萄牙的里斯本港（Port de Lisbonne）垄断了海外贸易，虽然没有像英国、荷兰和法国那样建立大型殖民贸易公司，对商船的强大保护，以战舰护送船队，以及对殖民贸易的许多特殊限制似乎应该确保西班牙和葡萄牙获得他们所寻求的垄断。然而事与愿违，英国、荷兰和法国逐渐产生了一支繁荣的海军，而西班牙人和葡萄牙人的海军逐渐衰落。

殖民史往往伴随着传教史，18世纪至19世纪，葡萄牙人除了商业活动外，天主教传教士进入几内亚地区，试图传播基督教信仰。这些传教士通常是在航海探险和殖民活动的旗舰上陪同船队前往非洲，并在沿岸建立传教点。1830年以后，随着成千上万从巴西返回几内亚湾的自由奴隶，他们派遣了首批在圣多美神学院（Sao Tomé）接受培训的"黑人"神父。

19世纪中叶，随着其他欧洲国家的殖民扩张，特别是荷兰、法国和英国，传教活动在几内亚地区继续扩展。传教士们试图通过教育、医疗和慈善活动来吸引当地人，并劝说他们接受基督教信仰。天主教会在几内亚地区建立了许多教堂、修道院、学校和医院，以支持传教工作。在19世纪后期，尤其是在欧洲列强殖民竞争的背景下，各国的传教士活动在几内亚地区十分活跃，英国和法国都派遣了传教士到该地区传播基督教。1890年，法国在科纳克里建立了天主教会。1897年，法国成立了几内亚教区，派遣了大主教。

殖民史常常伴随着地理考察。欧洲列强为了探索、占领和利用殖民地，经常进行大规模的地理考察和勘探活动。这些地理考察旨在了解殖民地的地理条件、资源分布、地形地貌等情况，以便制定有效的殖民政策、开发资源、建立交通网络等。马里帝国从13—15世纪的势力范围从西非海岸延伸至冈比亚和塞内加尔河之间，几乎延伸至东部的索科托（Sokoto），从廷巴克图（Tombouctou）北部240千米到尼日尔河的发源地。从廷巴克图流出的黄金和奴隶出口量如此之大，以至于这座城市在外界拥有无尽财富的声誉。对于对新世界的发现充满好奇的欧洲人来说，廷巴克图是一种无法抗拒的诱惑。非洲协会（Association for Promoting the Discovery of the Interior Parts of Africa）于1788年6月在伦敦成立，致力于对西非的探索，旨在发现尼日尔河的起源以及"失落的黄金之城"廷巴克图的所在地，是"非洲探险时代的开始"，其成员多次涉足几内亚。1831年，非洲协会与皇家地理学会（Royal Geographical Society）合并，皇家地理学会继续其行动。

法国人也不甘落后，加斯帕尔·莫利昂（Gaspard Théodore Mollien）于1818年受殖民地总督的委托，在为期一年的旅程中前往塞内加尔、冈比亚和尼日尔的源头。勒内·加耶（René Caillié）后从几内亚的博凯（Boké）出发，于1827年4月沿着富塔贾隆山脉向东行进，经过塞内加尔河的源头，并穿过库鲁萨（Kurussa）的尼日河上游。1830 年，他出版了他的游记（*Journal d'un voyage à Temboctou et à Jenné, dans l'Afrique centrale, précédé d'observations faites chez les Maures Braknas, les Nalous et autres peuples; pendant les années 1824, 1825, 1826, 1827, 1828*），虽然在法国大受赞誉，但是英国人对他的著作和旅程的真实性提出了质疑。1982 年，地理学会（Société de Géographie）的一次探险重新走完了勒内·加耶从几内亚海岸到廷巴克图的旅程。

时至今日，勒内·加耶甚至在文学领域颇具影响，儒勒·凡尔纳（Jules Verne）在《气球上的五星期》（*Cinq Semaines en ballon*）里写道"如果加耶出生在英国，他将被誉为现代最勇敢的旅行家，与蒙戈·帕克（Mungo Park）齐名"。勒内·加耶还多次出现在克莱齐奥（Jean-Marie Gustave le Clézio）的笔下，早在 1986 年的《罗德里格斯之行》（*Voyage à Rodrigues*）中克莱齐奥就提到了这位探险家的名字。在 1997 年的《逐云而居》（*Gens de nuages*）中，克莱齐奥再次提及勒内·加耶的叙述对自己的影响。在为让-米歇尔·迪让（Jean-Michel Djian）的著作《廷巴克图手稿—秘密、神话与现实》（*Les Manuscrits de Tombouctou-Secrets, mythes et réalités*）所撰写的长篇序言中，更是开篇就提及勒内·加耶。

三 法国殖民统治时期

在奴隶贸易时期，一直到 19 世纪初，葡萄牙人和英国人"控制"着"南方水乡"（Rivières du sud），葡萄牙人起初为河口命名为"Rio Pongo""Rio Nunez"等，随着葡萄牙的衰落，英国人逐渐占据了优势。英国人对自己的海上和商业优势充满信心，是自由贸易的拥护者，逐渐获得了海上阵地，法国与英国的竞争持续了很长时间。在柏林会议后，英国和法国都试图通过签订条约、建立贸易站点以及对当地政治实力的干预来巩固自己的影响力。19 世纪末，几内亚东部地区成为英国和法国殖民势力之间的竞争焦点。这一地区拥有丰富的资源，包括金矿、钻石和其他自然资源，因此引起了欧洲列强的兴趣。法国试图将几内亚东部地区纳入其法属西非领地，以扩大其在非洲的殖民势力范围。与此同时，英国试图通过控制相邻的殖民地，如塞拉利昂来保护自己的利益并阻止法国在该地区的扩张。最终，通过一系列条约、协定和边界划定，以及在地区内的一些冲突和调整，法国最终在该地区确立了其殖民统治。几内亚东部地区最终成为法属西非的一部分，而英国则在附近的殖民地保持了一定的势力范围。1887—1890 年，两国签署了数个协定及其补充协定才最终确定了法属几内亚边界。1904 年，作为法国和英国之间友好协约的一部分，洛斯群岛（Los）成为法国领土，法国因而放弃在纽芬兰（Terre-Neuve）的相关权益。此外，从柏林会议一直到 1911 年，法国才陆续与德国、英国、葡萄牙和英国等最终确立了法属几内亚的边境。

19 世纪 50 年代，在多重因素的作用下，如人道主义运动、工业革命的发展和政治变革等因素，奴隶制被废除。第一，在欧洲和殖民地，一些人道主义者和宗教团体开始声援废奴运动。这些运动者通过出版宣传材料、组织示威活动以及游说政府等方式，引起了公众对奴隶制的关注和反感，他们的努力无疑加速了对奴隶制的废除。第二，随着工业革命的进行，劳动力需求的变化使得奴隶制变得不再经济实惠。工业化的发展导致了对雇佣自由工人的需求增加，而奴隶制的维持成本和风险也在逐渐增加，这促使了一些殖民地政府和经济利益集团考虑废除奴隶制。加之随着资本主义的发展，他们进入了对外扩张的阶段。第三，一些国家的政治制度发生了变革，民主和人权等理念开始在欧洲和殖民地获得广泛传播。这些政治变革促使了一些国家政府认识到奴隶制的不合理和不道德，进而采取了废除奴隶制的行动。在一些殖民地地区，奴隶与被奴隶化的人民进行了反抗和起义，这些抵抗活动迫使殖民地政府考虑废除奴隶制以维护社会稳定和政权统治。这些因素共同作用下，最终导致了 19 世纪 50 年代奴隶制的废除。

19世纪50年代，在经历了自由贸易、奴隶贸易、传教和地理探索之后，欧洲列强在非洲步入建立殖民地的阶段。法国探险家和传教士从19世纪初开始，充分探索了几内亚地区，尤其是在地理情况和资源分布方面，并与当地部落接触，建立与当地部落的关系。这一探索和接触阶段之后，法国在19世纪末期开始在几内亚建立殖民地。

法国在非洲争夺中取得了大量的领土，早在1859年，法国成立了第一个专门统治几内亚殖民地的政府机构——南方水乡特别指挥部。这些地区一开始或成为塞内加尔殖民地的一部分，或是由军方进行统治，被称为"军管领土"。19世纪下半叶，法国通过交替使用武力和外交手段，轻松占领了苏丹（Soudan）西部大部分地区，如今的马里地区，法国夺取了廷巴克图（Tombouctou），向北推进至乍得湖（lac Tchad），并占领了几内亚海岸。1882年，法国宣布"南方水乡"为单独的一个殖民领地。1884年柏林会议之后，欧洲列强开始在非洲大规模扩张，19世纪80年代后期，法国政府开始直接统治这些新得领土，并将加蓬以西的领土转由在塞内加尔的总督所管辖，直接对法国的海外事务部负责。1885年，法国向南方水乡殖民地派出领地行政长官，但该地仍由塞内加尔的海军司令部统辖。1889年，南方水乡脱离塞内加尔，成为一个独立的殖民地。1891年12月17日的法令将"南方水乡"殖民地改为"法属几内亚"（Guinée française）。1893年3月10日的法令将其分为三个殖民地——法属几内亚、科特迪瓦和贝宁，直到1899年才确定其边界。第一位塞内加尔总督让·巴蒂斯特（Jean-Baptiste Chaudié）于1895年6月16日被任命，而这片领土在1904年正式被命名为"法属西非"（Afrique-Occidentale française），初设时下辖塞内加尔、法属苏丹、法属几内亚、科特迪瓦四个行政区域，法属西非的总督府设在塞内加尔的达喀尔。

殖民活动在沿海或富塔贾隆地区顺利进行，这些地区很容易通过海路或塞内加尔河到达，气候也更适合殖民者居住。但是在某些地区，出现了针对占领者的抵抗，萨摩利虽然领导了一场有组织的战争，反抗法国在沿海和东南部山区的占领，但于1898年被击败流放，法国在几内亚的殖民统治因而得以巩固，控制了今天的几内亚及其邻近地区。但在萨摩利被俘后，他的战友们继续领导几内亚等国人民同法国侵略者进行不屈不挠的斗争。法国殖民当局又经过7年的战争之后，才最终把萨摩利建立的抗法武装斗争力量消灭。20世纪初，几内亚人民又多次掀起反抗法国殖民统治的武装斗争，其中以阿尔法·雅雅（Alpha Yaya Diallo）领导的武装起义影响最大，阿尔法·雅雅后因失利而被迫流亡。

法国在非洲的殖民地在一战时期几乎占据了非洲面积的三分之一。法国在占领西非大部分区域后，为了将这一地区永久性地纳入其势力范围，实施了全面的"同化"殖民策略。这一策略不仅涉及政治、经济和文化层面，还深入社会生活的各个角落，对几内亚产生了深远而持久的影响。

政治上，几内亚作为法属西非不可分割的一部分，法国在几内亚实施了与其在其他非洲殖民地区相同的行政管理制度，法国殖民者通过废除原有的政治制度和法律体系，全面推行法国式的政治体制和法律框架。他们建立了自己的行政机构和军事力量，对原住民进行严格的管控和监视，殖民地由总督（Gouverneur Général）管辖，他代表法国政府在这些领地上行使全权统治，在总督的领导下，每个领地设有一位领地行政长官。几内亚进一步被划分为20个地区（Cercle Administratif），独立于军事结构，是法国非洲殖民地的最小行政单位。各个地区有各自的负责人，受地区指挥官及其上级殖民地政府的管辖，这些区域负责人还是其所管辖区域的首席法官，需要定期巡视自己的地区，以执行政策、裁决案件、征收税收，并实施殖民总督、法国海外事务部或他们自己创建的政治和经济项目。区下设县（Canton），县又由几个村（Village）组成，其负责人均由法国人任命，通过赋予一些合作的非洲酋长管理权，法国试图在表面上维持与当地社会的和谐关系，但实际上这些酋长往往只是法国统治的工具，缺乏真正的权力和独立性。因而几内亚原本的首领体系遭到改变，其继承制度也被颠覆，并逐渐成为法国殖民统治的有效工具。尽管区域的负责人作为法典的执行者，在某种程度上也是受益者，但是他们受到法国当局的严格控制，如果他们表现出不顺从或不忠，他们仍然与所有非洲人一样，可以因为"政治罪行"而被监禁。这一制度对于法国在几内亚的殖民进程发挥了重要作用。

经济上，法国对几内亚的经济进行了全面的控制和剥削。他们垄断了殖民地的经济资源，法国人在几内亚进行资源开发以满足法国本土的需求，法国公司垄断的出口作物不断增加，法国殖民政府鼓励法国企业和殖民者在几内亚开展种植业，强迫当地居民生产单一的农作物，特别是可可、咖啡、棕榈油和橡胶等产品的种植园通常由法国企业或殖民地精英控制，在香蕉种植园中，只有十五分之一掌握在几内亚人手中。虽然意识到几内亚铝土矿的储量，但并未实施如建设水电站、铝土矿转化工厂等一系列工业化政策，更多的则是针对矿产资源的掠夺，尤其是在第二次世界大战之后，在原有对黄金和钻石的开采基础上对铁矿和铝矾土进行大量开采。简而言之，法国在几内亚掠夺自然资源方面大致经历了三个阶段：第一阶段，19世纪末至第一次世界大战前对橡胶等农业资源进行原始掠夺。第二阶段，第一次世界大战后发展种植园和开采黄金与钻石。第三阶段，第二次世界大战后在继续开采黄金与钻石的同时开采铁矿和铝矾土①。这种经济剥削导致了殖民地的经济体系畸形发展，无法独立生产满足国民生活所需的物资。同时，法国还通过控制贸易和金融等手段，剥夺了几内亚的发展机会和财富积累。这种经济依赖使得几内亚等国家即使在独立后，仍然面临着严重的经济困境和发展

---

① 吴清和：《几内亚》，社会科学文献出版社2015年版，第78页。

难题。

文化上，法国殖民者推行了强制性的文化同化政策。他们强制要求几内亚使用法语作为官方语言，接受法国的价值观教育，并培养亲近法国的精英阶层。这种文化同化政策旨在削弱几内亚人的文化认同感和民族意识，使他们逐渐融入法国文化圈。通过影响人的认知层面，法国殖民者试图让新生代在接受法国文化教育后忘记本民族的传统文化和历史记忆，这种文化侵略的长期影响是深远的。但与此同时，教育上的开支却很少，1906年，整个几内亚仅有1400多名学生，1924年增长至2600多名，1935年不超过6600名。此外，法国殖民者还通过一系列社会政策和措施来巩固其统治地位。他们建立了自己的医疗、教育和福利体系，为几内亚提供了一定的社会服务。然而，这些服务往往是以法国的利益和需要为出发点的，缺乏真正的关怀和尊重。以医疗系统为例，1935年，几内亚境内只有一所1901年建立的医院，两所战地医院，约20个卫生站和25个接生站，并且多服务于欧洲人。同时，法国殖民者还通过控制媒体和宣传手段，对几内亚人民进行思想灌输和意识形态控制，他们试图通过塑造和传播特定的价值观和观念，来巩固自己的统治地位并削弱当地人民的反抗意识。

综上所述，法国通过全面的"同化"殖民策略，在政治、经济和文化等多个层面对几内亚实施了深刻的影响和控制。这种影响深远而持久，使得几内亚即使在获得政治独立后，仍然面临着经济依赖、文化同化和社会困境等多重挑战。这些挑战不仅影响着这些国家的发展进程和民族认同感的形成，也深刻影响着整个非洲大陆的历史和未来走向。

第四节　当代史

1958年9月28日，几内亚通过公民投票，拒绝留在法兰西共同体内。同年 10 月 2 日宣告独立，成立几内亚共和国，塞古·杜尔（Ahmed Sékou Touré）任总统。杜尔长期执政，直至 1984 年 3 月病逝。同年 4 月，兰萨纳·孔戴（Lansana Conté）发动兵变，成立几内亚第二共和国。1992 年，几内亚改行多党制。孔戴在 1993 年 12 月举行的总统选举中当选，并于 1998 年和 2003 年两次连任。2008 年 12 月，孔戴总统病逝。次日，部分军人发动政变并于 2009 年 1 月组建过渡政府。穆萨·达迪斯·卡马拉（Moussa Dadis Camara）就任过渡总统。2010 年，几内亚军政权宣布还政于民，于当年 6 月和 11 月，先后举行 2 轮总统选举，几内亚人民联盟主席阿尔法·孔戴（Alpha Condé）胜出，并于 12 月宣誓就职总统。孔戴执政后，政局总体保持稳定。2015 年 10 月举行总统选举，孔戴胜选连任总统并于 12 月就职。2020 年 10 月，几内亚根据新宪法举行总统选举，孔戴总统再次参选并连任。2021 年 9 月，几内亚部分军人发动政变，宣布几内亚进入过渡期，马马迪·敦布亚（Mamadi Doumbouya）于 10 月就任过渡总统。

一 新政权的建立

第二次世界大战后，非洲民族独立运动高涨。反殖民主义的政治意识在几内亚逐渐发展起来。科纳克里早已成为一个重要的港口，很多几内亚人在此工作，并组建了公会，开展了抗议运动，几内亚人民争取解放的斗争进入新的阶段。萨摩利·杜尔的曾孙艾哈迈德·塞古·杜尔（Ahmed Sékou Touré）作为强大的非洲黑人工人总联盟（Union Générale des Travailleurs d'Afrique Noire）的领导人，在地方政府中为非洲代表争取更多的席位。1946 年 10 月的法国宪法对殖民地国家更加宽松，将几内亚列为海外领地，允许建立政党，塞古·杜尔成为其中最重要的人物，在其努力下，几内亚总工会为基础，几内亚民主党（Parti Démocratique de Guinée）于次年成立，是非洲民主联盟（Rassemblement Démocratique Africain）的地方分支，主张去殖民化和泛非主义。随着法国第四共和国政府在第二次世界大战后逐渐开放其殖民地的政治权利，1946年5月颁布的《拉明盖依法》（*Loi Lamine Guèye*）赋予非洲殖民地本地人有限的公民权，宣布所有海外领土的国民为法国公民。1956年6月颁布的《海外领地根本法》（Loi-cadre Defferre）标志着法国及其海外殖民地关系的转变，受压于诸多前殖民地的独立运动，法国政府决定下放权力至法属非洲殖民地，授予其普选权，取消多重选举团制度及不平等选举权，多数法属非洲殖民地根据新法赋予的普选权于1957年3月31日举行选举。

1958年，戴高乐重新掌权后意识到第二次世界大战后的法国殖民地和海外领土的问题必须进行调整，以适应国内外的新形势。法国提出了新宪法，确认了第四共和国的结束，并确立第五共和国的建立，新宪法中明确提出"法兰西共同体"（Communauté Française）这一概念，即对其殖民地进行自治的计划，该计划旨在向法国殖民地赋予更多自治权，但仍保持与法国的紧密联系。根据该计划，每个法国殖民地都可以选择留在法兰西共同体内，保持与法国的政治和经济关系，或者选择脱离法兰西共同体并获得完全独立。戴高乐将新宪法交由包括法国殖民地在内的全民公投。在公投前，戴高乐前往非洲法属殖民地四处游说，戴高乐于6月4日离开巴黎前往阿尔及尔。在阿尔及尔，他在演讲中热情洋溢地高呼"我理解你们！"，这一举动使阿尔及利亚法国人及阿尔及利亚人对其颇具好感，在随后的访问中，他重申了法国对法属阿尔及利亚的支持，巩固了阿尔及利亚人对他的好感，为公投的顺利开展打下了坚实的基础。

戴高乐于8月25日访问几内亚，力图说服几内亚留在法兰西共同体，在科纳克里，塞古·杜尔坚持捍卫"由自由平等的国家组成的多民族实体"，并表示只有在修正文本以承认人民"独立权利"的情况下，他才会投赞成票。塞古·杜尔无疑是一位非凡的演说家，他振奋人心地说："我们不放弃，我们永远不会放弃我们合法和天赋的独立权利。没有自由就没有尊严。我们宁愿在贫穷中拥有自由，也不愿在奴役中富有。"在演讲前，戴高乐并不知道塞古·杜尔的演讲内容，这一"措手不及"的演讲在戴高乐看来是对法国和他个人的侮辱，他回应道："我在这里再次重申，独立对几内亚来说是可以选择的；几内亚可以在9月28日拒绝提议，而我保证法国不会阻碍。当然，会因此而产生后果，但不会造成任何障碍，你们的领土可以按照自己愿意的方式走想要的道路。"这件事引起了戴高乐的强烈不满，戴高乐对几内亚的情况一无所知，没想到会收到如此攻击性的言论，第二天早上，戴高乐在简短的"永别，几内亚"之后，飞回了法国，并坦言塞古·杜尔是"一个我们永远无法达成共识的人"。

在9月28日的公投中，法国的其他殖民地，如塞内加尔等选择接受法国的提议，加入法兰西共同体，并实现自治。然而，几内亚在公投中选择了拒绝法国的提议，选择独立，超过100万的几内亚人在全民公投中投票选择了"不"，选择了完全独立，只有5.7万人在投票中投出否决票。

面对投票结果，法国即刻做出反应，9月29日，法国总督宣布，从30日起，法国将终止在此之前给予的所有援助，撤回公务人员，撤走除法兰西航空公司职工以及教师以外的全部行政和技术人员，军队被遣返回国，带走了所有有价值的设备，甚至清空了在几内亚的所有法国商场和超市。法国宣布将不再为几内亚提供财政援助，取消对几内亚商品的免关税政策，项目被停止，文件被焚毁。法国利用一切经济和政治手段试图扼杀几内亚，以警示其他非洲国家选择继续留在"法兰西共同体"内才是他们唯一的出路，以免出现"连锁效应"。然而，从货币角度来看，几内亚将继续留在法郎区。

1958年10月2日，几内亚宣布独立，成为唯一选择不加入法兰西共同体的法国殖民地，塞古·杜尔当选为领导人，时年36岁。

在国际上，几内亚立即得到了苏联、埃及和加纳的承认，随后共产主义国家和阿拉伯国家也紧随其后。中国、加纳、利比里亚、保加利亚等国在10月2日当天就发来贺电，美国、英国等西方大国，也在几内亚宣布独立后就立刻予以承认,并很快同几内亚建立了外交关系。几内亚于1958年12月12日正式成为联合国会员国。中华人民共和国与几内亚共和国于1959年10月4日建交。

几内亚在非洲国家中占有特殊地位,因为它无条件地拒绝了新殖民主义的控制。加纳总统克瓦米·恩克鲁玛(Kwame Nkrumah)是最早承认塞古·杜尔政府的人之一。对塞古·杜尔而言,他急需援助,以自己的方式组建政府,填补法国人离开后的空缺,恩克鲁玛提供的贷款无疑是及时雨。同时,两国计划建立深入合作,拉开未来联盟的序幕。1958年11月23日,塞古·杜尔和恩克鲁玛在阿克拉(Accra)宣布创建"西非未来联邦的中心"(Noyau des Futurs États-Unis d'Afrique Occidentale),1959年5月1日,两位领导人宣布成立非洲独立国家联盟(Union des États indépendants africains)。

二 艾哈迈德·塞古·杜尔执政时期

艾哈迈德·塞古·杜尔于1961年当选,并于1968年、1974年和1982年连任。

在政治方面,在1958年几内亚独立之际,许多国家都已经采取了社会主义的道路并取得相当成就,塞古·杜尔深受这一国际背景和社会主义理论的影响。怀着建设一个平等富裕的社会的愿望,1962年12月,几内亚民主党第六次代表大会决定采取"非资本主义道路",选择社会主义发展道路。1967年召开的几内亚民主党第八次代表大会更加明确和强调了这一决策方针。

塞古·杜尔的社会主义思想的核心是要超越资本主义的发展阶段,直接建立现代社会主义社会,但是随着几内亚局势的不断变化,其社会主义思想主要经历了以下几个阶段:在几内亚独立初期,阶级分化不明显,阶级矛盾尚未凸显,塞古·杜尔倡导的是在非洲村社制基础上建立的社会主义制度,强调集体主义和人道主义。在20世纪60年代中期,几内亚的局势发生改变,资产阶级队伍壮大,对其政治和经济的权利的要求不断提高，塞古·杜尔在承认几内亚存在不同阶级和阶级斗争的基础上，将"全民党"内的党员划分为"人民阶级"和"剥削阶级"两类，进而提出"科学社会主义"，开展阶级斗争，造成几内亚政治和经济形势不断恶化，阶级关系日益紧张。20世纪70年代末期，塞古·杜尔不得不再次调整政策，采取相对温和和注重实际的政策，转而宣传伊斯兰教思想，淡化阶级斗争①。

塞古·杜尔执政时期实行了一系列重要的政策和改革，旨在强化个人权威，并建立一个社会主义政治体系。塞古·杜尔利用政治宣传和群众动员，广泛宣传社会主义思想和政策，政府控制媒体，宣传社会主义的价值观和政治主张，鼓励民众支持政府的政策和决策，并鼓励建立基层组织，用于宣传政府政策和动员群众参与社会主义建设，这些组织成为政府宣传和动员的重要工具。

此外，塞古·杜尔认为西方的多党制不适用于几内亚，建立了几内亚民主党（Parti Démocratique de Guinée），并将其确立为唯一合法的政治党派，以党代政，集中政治权力，强化政府的控制和影响力。在几内亚民主党内部，存在高度的垂直结构，他倡导党的统一和纪律，强调党员必须服从党的领导，坚决执行党的决策。并通过宣传和宣传活动，大力宣传自己，进行个人崇拜，他被封为"最高革命领袖"和"非洲人民的英雄"，在几内亚社会中树立起崇拜和崇敬的形象。为巩固个人权威和单一政党制，塞古·杜尔实行了政治镇压，打压反对派和异见分子，政府通过逮捕、监禁和镇压政治反对派，以及限制新闻自由和言论自由，以维护政权的稳定。1982年5月，几内亚通过第二部宪法，即《几内亚人民革命共和国宪法》，正式将党国合一的体制法律化，这一宪法确认了塞古·杜尔的地位，集党、政、军大权于一身，一人兼任党总书记、共和国总统、"革命最高负责人"以及武装部队总司令等多个职位。

---

① 汤平山：《塞古·杜尔的社会主义思想和实践》，《西亚非洲》1986年第1期。

在经济方面，独立初期，塞古·杜尔政府采取果断措施，以确保几内亚的经济独立和主权。面对法国的高压政策，他毅然决定收回国家的经济命脉，摆脱对法国的依赖。为此，塞古·杜尔政府实施了一系列重要的经济政策。他关闭了法国的银行机构，并成立了几内亚共和国中央银行，确保了国家货币和金融体系的独立性。为摆脱法国的货币控制，1960年3月发行本国货币，几内亚退出了法郎区，实现了自主货币政策。为加强国家对贸易的控制，塞古·杜尔政府成立了几内亚国家外贸公司和国内贸易公司，确保了国内外贸易的独立运作。此外，他还成立了几内亚电力公司和自来水公司等，加强对国家基础设施的自主控制，推动国家经济的发展和增长。所有这些经济政策措施都是塞古·杜尔政府为确保国家的政治独立而采取的必要举措。通过清除法国的经济势力，塞古·杜尔政府确保了几内亚的经济主权，为国家的自主发展奠定了坚实的基础，这些举措也体现了他坚持独立、自主和反殖民主义的外交政策的决心和勇气。

此后，塞古·杜尔执政时期采取了许多政策和措施，旨在推动几内亚的社会主义经济发展。塞古·杜尔推行了社会主义计划经济，规划国家的经济发展方向和目标，试图对经济进行全面控制和调控。塞古·杜尔实行了大规模的国有化政策，将几内亚的重要经济部门纳入国家所有和控制，其中包括了采矿业、银行业、工业等，从而使国家能够控制生产和分配，最终完成社会主义经济体系建设。此外，塞古·杜尔对土地进行国有化，收回种植园和矿山的主权。为了减少对外国的依赖，塞古·杜尔进一步推行了自给自足的经济战略，大量建立国有企业，鼓励国内生产，旨在提高国内产能，减少对进口商品的依赖及对外汇的需求。在大力发展国有企业的同时，限制私有经济的发展，增加几内亚对自身经济的控制。

在农业发展方面，塞古·杜尔将农业发展视为经济发展的重点，他鼓励农民增加农作物的产量，并推动农村地区的集体化。政府对农业基础设施加大投资，如灌溉系统和农业合作社，以提高农业生产效率。在工业方面，为了实现经济自给自足，塞古·杜尔着力发展国内工业，政府投资更多用于基础设施和工业项目，如钢铁、水泥、纺织等领域，试图建立一个独立和多样化的工业体系。为了获得外部支持，塞古·杜尔还寻求与社会主义国家和非洲国家建立紧密的经济合作关系，他与苏联、中国等国家签订经济协议，获得了一定的经济援助和技术支持。由于未能成为苏联集团的正式经济伙伴，在杜尔政权的最后几年，几内亚转向法国和其他西方国家寻求资本和技术援助。

然而，尽管塞古·杜尔在经济方面采取了许多政策，但几内亚的经济发展进展并不顺利，面临着许多挑战和困难，存在经济增长缓慢；工业企业停产、减产，国营企业长期亏损；农业集体生产组织形式不断变化，农产品供不应求；商品奇缺、物价昂贵、通货膨胀，人民生活困难等问题①。主要原因有以下三个方面：第一，塞古·杜尔在经济上的政策过于激进，他试图将几内亚转变成一个社会主义国家，实行国有化和计划经济以削弱外国势力对国家经济的控制。与此同时，国有化政策步伐过大，将中小企业乃至零售商业等都实行国有化，社会主义政策导致了资源配置的低效率和浪费，国有化措施使得许多企业和产业失去了竞争动力，管理效率下降，生产成本增加。计划经济的实施也导致了资源分配不合理，经济发展缺乏灵活性，不能适应市场需求的变化。第二，塞古·杜尔政府过度依赖外国援助，特别是苏联和东欧国家的援助，尽管他试图摆脱法国的控制，但对苏联等社会主义国家的依赖使几内亚陷入了对外援助的依赖态势。这种依赖性削弱了几内亚在经济上的独立性，也使得国家在经济政策上受到外部干涉的影响。第三，塞古·杜尔政府忽视了农业和农村经济的发展，他过于关注工业化和城市化，忽视了农业生产的发展和农民的福利，政府在农村普遍建立了农业生产合作社和农村现代化中心。尽管遭遇一次次的失败，政府仍执意坚持推行，不断变换策略，最终农村

---

① 汤平山：《塞古·杜尔的社会主义思想和实践》，《西亚非洲》1986 年第 1 期。

经济被严重破坏，农民生活艰辛不堪，这导致了农村地区的贫困和不稳定，也使得国家在粮食和农产品方面依赖进口。

20世纪70年代，经过20多年的实践，几内亚在经济政策方面做出一些调整，1976年几内亚加入了《洛美协定》（*Convention de Lomé*），从而加强与欧盟成员国的合作，推动本国经济的发展和增加对外贸易，同时加强了几内亚与其他加入了《洛美协定》的国家之间的合作，促进了该地区的经济一体化和发展。几内亚在20世纪70年代末和20世纪80年代初实行了一系列经济改革措施，1978年11月几内亚民主党第十一次全国代表大会，决定调整内外政策，放宽经济政策，试图减少政府干预并鼓励私营企业及外资企业的发展。1983年进一步采取了更多的经济自由化政策。但在20世纪80年代西方经济危机的背景下，国际油价飙升，对几内亚这样依赖进口石油的国家造成了财政负担，通货膨胀和债务危机则导致了全球金融紧缩和债务问题，使得几内亚难以获得国际资金支持和贷款，限制了国内经济的发展，尽管塞古·杜尔进行了一系列经济政策上的调整，但收获甚微。

总的来说，塞古·杜尔虽然为几内亚赢得了独立，尽管他在一些方面取得了一定的成就，但他的执政方式也引发了一定的争议，对他的批评主要体现在政治集权、人权侵犯、经济政策失误和外交争议等方面。

20世纪70年代前后，几内亚面临着一系列的挑战，1969年2月，几内亚政府镇压了约1000名驻扎在拉贝（Labé）的军事伞兵的反政府阴谋。1969年5月14日，包括前国防部长福代巴·凯塔（Fodéba Keïta）和陆军副参谋长卡曼·迪亚比（Kaman Diaby）上校在内的十二人被判处死刑。1969年6月24日，在赞比亚总统肯尼思·卡翁达（Kenneth Kaunda）访问科纳克里期间，塞古·杜尔遭到暗杀袭击。1970年11月21日至22日，约400名几内亚流亡者和由葡萄牙雇佣兵对几内亚首都科纳克里进行了两天的两栖攻击。攻击目标包括塞古·杜尔的避暑别墅、军事基地、政府建筑、发电厂等。在此次袭击中有 300 多人丧生。在袭击后，几内亚政府对多名政要进行了逮捕和拘留，68 人被判处终身监禁，91 人被判处死刑，超过 70 人于 1971 年 1 月 25 日被绞刑处决。苏联政府 1971—1978 年向几内亚政府提供了包括海军巡逻和 100 名技术援助人员在内的军事援助。1977 年 8 月，政府安全部队镇压了科纳克里和其他城镇的反对杜尔政府的经济政策的示威活动。1980 年 5 月 14 日，科纳克里发生政治暴力事件，导致一人丧生。

三 政权的更迭

（一）兰萨纳·孔戴执政时期

1984 年 3 月 26 日，塞古·杜尔因心脏病在美国俄亥俄州克利夫兰市的克利夫兰医院病逝。在塞古·杜尔的生前，他并未确定接班人，因此他的去世导致了国家政权的真空状态。政权内部的权力斗争也迅速公开化，多个派系之间展开激烈争夺。总理路易斯·兰萨纳·贝阿沃吉（Louis Lansana Beavogui）任代总统，与此同时，杜尔家族觊觎总统宝座，企图世袭交替，塞古·杜尔的兄弟——经济和财政部部长（Ministère de l'Économie et des Finances）伊斯梅尔·杜尔（Ismaël Touré）和塞古·杜尔妻子同父异母的兄弟——马马迪·凯塔（Mamadi Keïta）成为其中主要的争权派系。

然而，时任几内亚三军总参谋部成员、陆军参谋长兰萨纳·孔戴上校率领的军方迅速发动军事政变接管政权，临时政府很快被其推翻，4 月 3 日成立了以其为首的国家复兴军事委员会（Comité Militaire de Redressement National），暂停了宪法，解散议会和几内亚民主党，并称杜尔政府是"血腥且无情"的独裁政权，逮捕了杜尔家族的亲信和高级官员，随后兰萨纳·孔戴担任了几内亚的新领导人，将"几内亚人民革命共和国"（République Populaire et Revolutionnaire de Guinée）改为"几内亚共和国"（République de Guinée）。

在政治方面，孔戴是几内亚当代政治的中心人物，在几内亚独立后所经历的两次大的政权变动中他都是主角。第一次是在1984年塞古·杜尔总统去世后由以孔戴为首的军人接管政权,以兵不血刃的方式建立了军政权。第二次是在20世纪90年代初非洲掀起多党民主运动时期,他领导几内亚平稳地完成了从军政权向多党制文职政权的过渡[1]。20世纪80年代末至20世纪90年代初,政治多元化和民主化的浪潮影响了非洲大陆,兰萨纳·孔戴开始推行政治改革。孔戴试图结束杜尔时代的专制统治,并承诺实行民主和政治改革。1989年10月,孔戴宣布几内亚将由军政权向文职政权过渡,计划在5年内建立健全的法律制度,组织多个政党参加民主选举,选出文职政府,后将过渡期由5年缩短为3年,并接受多党制,放弃了原先的两党制计划。1990年,通过公民投票通过了新宪法——《根本法》(La Loi Fondamentale),标志着几内亚政治体制的转型,从军事政权向文职政权开始过渡,开启了几内亚政治上的多元化和民主化进程,几内亚开始实行总统制。1991年,几内亚通过颁布12条法律进一步完善了新闻、选举、国民议会、最高法院等方面的法律体系。独立以来的几内亚于1993年12月19日首次举行多党总统选举,统一进步党(Parti de l'Unité et du Progrès)的候选人兰萨纳·孔戴赢得了51.7%的选票获胜,成为几内亚首任民选总统,几内亚人民联盟(Rassemblement du Peuple de Guinée)的阿尔法·孔戴以19.6%的选票位居第二。尽管孔戴宣称致力于民主,但他的政权从某种程度上看仍然是独裁政权,1998年,兰萨纳·孔戴虽然以56.1%的选票获得连任,但他逐渐开始独裁,逮捕了许多反对派人士。2001年11月,他提出了一项针对宪法修正案的公投,以便他能够争取连任该国总统的第三个任期,这项公投削弱了地方分权,并将总统任期延长了两年,以98.4%的选票通过。2003年12月,他以95.63%的得票率再次当选。

---

[1] 吴清和:《几内亚总统兰萨纳·孔戴》,《西亚非洲》2014年第5期。

第二章 历史沿革

在经济方面，孔戴在上台后放弃了塞古·杜尔时期的"非洲社会主义"模式，转而实行自由经济政策，推崇经济自由主义。第一，从1985年12月开始，孔戴推行了国际货币基金组织和世界银行的"货币和经济改革"结构调整计划，其中包括恢复和鼓励私营经济，国有企业进行私有化，减少政府支出等。私有制和国际投资得到积极支持，而国家在经济中的作用被削弱。第二，在货币方面，20世纪80年代末，几内亚试图重新融入西非法语区，但都以失败告终。1986年1月6日，几内亚实行货币改革，将几内亚西里改称几内亚法郎，与此同时，几内亚法郎贬值92.47%。在农业方面，孔戴本人出身于农民家庭，平时很少着军装，而是经常穿着传统的非洲长袍"布布"（Boubou）。他对自己的农民经历曾作过这样的介绍：他的父母都是农民，他自己在当兵以前也是在家乡种田。即使在担任总统以后也还下地干活，将来退休以后也准备回家种田。由于他保持朴素的农民形象，当了总统以后仍种田并重视农业。在他执政后，几内亚的农业有了很大的发展，故此他有农民总统的称号[1]。此外，孔戴政权还积极改善与西方国家的关系，包括前宗主国法国在内，发展了经贸往来，吸引并鼓励外国投资。这一系列举措取得了一定的成果：20世纪90年代，几内亚经济的实际增长率达到了平均每年4.5%。在此期间，通货膨胀率稳定在5%以下，预算赤字控制在国内生产总值的5%以下[2]。

尽管孔戴的新政取得了一些成就，但几内亚仍未摆脱困境，虽然拥有丰富的矿产资源和自然资源，但几内亚因腐败而陷入贫困，在联合国发布的人类发展指数排名中，几内亚在177个国家中排名第160位[3]。

---

[1] 吴清和：《几内亚总统兰萨纳·孔戴》，《西亚非洲》2014年第5期。
[2] Cheikh Yérim Seck, «Guinée: Lansana Conté, vie et mort d'un soldat paysan», Jeune Afrique, 2008 Décembre 23, https://icsid.worldbank.org/sites/default/files/parties_publications/C3765/Respondent%27s%20Counter-Memorial/Pi%C3%A8ces%20fa ctuelles/R-0075.pdf.
[3] «Le président Lansana Conté est mort après 24 ans au pouvoir», France 24, 2008 Décembre 23, https：//www.france24.com/fr/20081223-le-pr-sident-lansana-cont-est-mort-apr-s-24-ans-pouvoir-guin-e.

国内生产总值从1996年的400亿美元下降到2001年的300亿美元,农业更是从独立前约占国内生产总值的90%下降到不到20%[①]。

孔戴本人在其政治生涯中多次遭遇危机,1985年7月4日,前总理迪亚拉·特拉奥雷(Diarra Traoré)试图在总统孔戴出席西非国家经济共同体在多哥洛美(Lomé)举行的峰会期间夺取政权,后被镇压。尽管1991年通过了一部新宪法,并在1993年举行了第一次多党选举,但孔戴政府在政治和经济自由化方面的进展缓慢,而且在20世纪90年代,民间动乱和抗议活动持续不断。1996年2月,因拖欠工资而爆发了一场军事叛乱,孔戴险些遇难。与此同时,几内亚被卷入了邻国塞拉利昂和利比里亚正在进行的内战中。几内亚和利比里亚互相指责对方支持反对派异见人士。2000年,几内亚的异见人士和塞拉利昂的反叛军队带头大规模入侵几内亚。在入侵过程中,至少有1000名几内亚人被杀,还有数千人流离失所。随着内战的进行,几十万难民从利比里亚和塞拉利昂涌入几内亚,加剧了几内亚与其邻国之间的紧张关系。2003年12月,国家元首修改了宪法,以便能够第三次参选,虽然身患重病,但他仍以95.63%的选票再次当选。2004年4月底,时任总理弗的朗索瓦·卢塞尼·法尔(François Lonseny Fall)利用出国旅行的机会辞职,认为"总统在阻挠一切"。2005年1月9日,在从机场返回的途中孔戴再次遭遇刺杀。2006年年初,孔戴的健康状况急剧恶化,在他的专制政权下,几内亚深受地方性腐败的困扰,国家机器更加失调,2006年年中,大米和燃料的价格达到最高点,罢工和血腥镇压时有发生。在一些商人的影响下,总统的权力越来越受到争议。2007年1月10日,新一轮罢工开始,由于飙升的物价和政府腐败,一些工会、政治团体和民间社会结成联盟要求孔戴辞职。在示威活动中,数十名

[①] Cheikh Yérim Seck, «Guinée: Lansana Conté, vie et mort d'un soldat paysan», Jeune Afrique, 2008 Décembre 23, https://icsid.worldbank.org/sites/default/files/parties_ publications/C3765/Respondent%27s%20Counter-Memorial/Pi%C3%A8ces%20fa ctuelles/R-0075. pdf.

抗议者被打死，罢工人数快速增加，军队、海关官员、警察、医生、地方法官等纷纷加入抗议活动。2008年5月，士兵因为欠薪暴力抗议，这次事件造成了至少三人死亡和数十人受伤。尽管持续动荡，孔戴一直掌权直到2008年12月22日因病去世。

(二) 穆萨·达迪斯·卡马拉的军政府

在孔戴去世的消息宣布六小时后，几内亚发生军事政变，以卡马拉为首的军人成功接管了政权，卡马拉任"国家民主与发展委员会"（Conseil National pour la Démocratie et le Développement）主席，自称为"几内亚共和国总统"的军政府领导，卡马拉随后承诺启动过渡，在一年内举行选举，并发誓要严整腐败其中应包括军政府不参与立法和总统选举。12月30日，卡马拉如其允诺的那样，任命一名文职人员为总理，从而平衡新政府，卡比内·科马拉（Kabiné Komara）被任命为总理。

许多国家和组织纷纷谴责这场政变，非洲联盟表示绝对禁止通过违宪改变政府的行为。2008年12月29日，非洲联盟暂停几内亚的成员资格，直到几内亚恢复宪法，并要求六个月内恢复政府。西非国家经济共同体谴责军事夺权行为，敦促军政府将过渡计划缩短至两年内。欧盟谴责政变，呼吁几内亚军方和政府尊重宪法，确保通过选举和平过渡权力。时任联合国秘书长潘基文呼吁几内亚政府根据宪法有序过渡，敦促几内亚武装部队尊重民主。

在卡马拉上台之初，几内亚被视为西非地区最大的毒品中心之一。卡马拉认识到毒品贸易对国家经济和社会造成的负面影响，并决心采取行动解决这一问题，以提高国家形象，增加外国投资和发展机会。为了打击毒品问题，几内亚政府采取了一系列措施，包括加强边境安全、加强执法机构的反毒品行动、打击贩毒组织，以及提供戒毒和康复服务等。2009年7月，卡马拉获得了非洲管理者国际委员会（Conseil International des Manageurs Africains）的表彰，以嘉奖他在打击毒品贩卖和推进经济廉政方面所做出的贡献①。

2009年8月,卡马拉宣布总统和议会选举将分别于2010年1月和3月举行,尽管早些时候承诺他和军政府的其他成员不会参加选举,但有传言称卡马拉计划竞选总统。随着他在媒体上的不断干预,卡马拉越来越明确地计划参选,使人们对真正的民主过渡的希望落空,并引发了抗议。

2009年9月28日,反对卡马拉政权的民众组织了一场大规模示威活动,抗议卡马拉的潜在候选人资格,军队血腥镇压了在科纳克里体育场举行的和平示威,造成150多人死亡,1200多人受伤。这场屠杀遭到了国际社会的一致谴责。法国决定立即暂停与几内亚的军事合作,并重新审查其对几内亚的所有双边援助计划②。10月15日,国际刑事法院(Cour Pénale Internationale)宣布正在对军方9月28日的行动进行初步调查。

2009年12月3日,卡马拉在首都科纳克里市中心孔达拉军营(Koundara)遭阿布巴卡尔·西迪基·迪亚基特(Aboubacar Sidiki Diakité)枪击,副官阿布巴卡尔·西迪基·迪亚基特不甘心承担"9·28"惨案的责任,不愿意当替罪羊,与卡马拉当场发生了激烈的争执,在情绪失控下,向卡马拉连开数枪,卡马拉头部和颈部受伤,12月4日被送往摩洛哥接受救治。12月5日,塞古巴·科纳特(Sékouba Konaté)将军从黎巴嫩回国,临时接替遭枪击受伤的卡马拉掌管权力。

2010年1月12日,卡马拉离开摩洛哥前往布基纳法索,1月15日,卡马拉宣布因健康原因辞去总统职务。科纳特将与反对派选出的

---

① Lutte contre la drogue et les narcotrafiquants-Dadis Camara (Président de la Guinée): «Pourquoi, je me bats pour mon pays», news.abidjan.net, 2009 Août 11, https://news.abidjan.net/articles/340022/lutte-contre-la-drogue-et-les-narcotrafiquants-dadis-camara-president-de-la-guinee-pourquoi-je-me-bats-pour-mon-pays.

② «La France suspend sa coopération militaire avec la Guinée», *Le Monde*, 2009 Septembre 29.

新总理合作，后者将领导一个新的过渡政府，该政府将在6个月内举行全国选举，让·马里·多雷（Jean Marie Doré）于2010年1月26日就任临时总理，并于次月成立过渡政府。新总理的任命和过渡政府的成立使几内亚走上了过渡之路。塞古巴·科纳特于2010年3月7日宣布总统选举第一轮选举日期定为6月27日。

（三）阿尔法·孔戴（Alpha Condé）执政时期

作为反对党领袖，在当选之前，阿尔法·孔戴从未担任国家和政府要职，1970年因抨击时政，被时任总统塞古·杜尔以"抗传缺庭罪"判处死刑，流亡法国，直到1991年5月，阿尔法·孔戴结束流亡生涯，从法国返回科纳克里，参与几内亚的首次多党选举，败选后1998再度参选总统，但在最终选举结果公布之前被捕入狱，2001年出狱后再次流亡法国。在震惊世界的"9·28"事件之后，孔戴立即在《世界报》上发表文章，强烈谴责这一暴行，呼吁几内亚人民从这一惨案中汲取教训，抛弃专制，推动民主转型。为实现民主诉求，孔戴宣布参加2010年6月的总统大选。2010年4月，孔戴从法国返回几内亚，投身大选。

总统选举第一轮投票于2010年6月27日举行，20多名候选人参加了此次选举，阿尔法·孔戴作为几内亚人民联盟（Rassemblement du Peuple Guinéen）的领袖在第一轮投票中以18.25%的得票率位居第二，远远落后于前总理和几内亚民主力量联盟（Union des Forces Démocratiques de Guinée）主席塞卢·达莱因·迪亚洛（Cellou Dalein Diallo），后者获得43.60%的选票。在11月的第二轮投票中，孔戴以52.52%的得票率赢得了选举，并于12月21日宣布就职。三天后，他任命经济学家穆罕默德·赛义德·福法纳（Mohamed Saïd Fofana）任总理。此后，阿尔法·孔戴在2015年、2020年的选举中获得连任。

在经济方面，阿尔法·孔戴充分挖掘矿产资源，几内亚不仅是世界上铝土矿储量最大的国家，还拥有丰富的金、铁、钻石等矿产资源，孔戴政府致力于吸引外国投资者，推动矿业开发和资源开采，增加出口收入。与此同时，孔戴重新制定开发政策，政府计划在矿产开发公司中至少持有30%—49%的股份，一方面便于政府更好地监管资源开发，确保其符合国家发展战略；另一方面，这也将促进矿业在几内亚经济中发挥关键作用，确保几内亚丰富的矿产资源可以为国家和人民创造更大价值。

此外，孔戴政府重视农业现代化，推动农产品生产的技术改进和提高农民收入，以增加国内粮食供应和农产品出口。在基础设施建设方面，为了促进经济增长和区域发展，孔戴政府加大对基础设施建设的投资，包括改善道路、桥梁、港口、机场等交通和物流设施，以及提供电力、水资源和通信网络等基础设施。在对外合作方面，孔戴政府推动签署贸易协定，扩大国际市场，促进几内亚的对外贸易和经济交流，并采取了一系列措施，推出了优惠政策和投资保障措施，以提供更好的投资环境，以吸引更多外国投资和促进经济多元化。这一系列经济政策取得了一定的效果，在其任期内，失业率稳定在5%左右。公共债务占国内生产总值的比例大幅度下降，2013—2018年维持在20%以内，与此同时，国内生产总值的增长率在2015年前稳定在3.9%左右。受埃博拉疫情影响，国内生产总值经历两年停滞后，于2016年恢复增长，在2016年高达10.8%，在随后的几年一直保持在5%以上，于2019年巩固增长。

2013年，埃博拉疫情在几内亚暴发，导致了灾难性的后果，世界卫生组织直到2015年12月29日才宣布疫情结束，此后，几内亚将其国内生产总值的5%用于医疗卫生，是疫情前的两倍[①]。根据统计，2014年8月至2015年6月，世界粮食计划署（UN World Food Programme/ Programme Alimentaire Mondial）向受疫情影响的包括几内亚人民在内的人们提供粮食援助，分发的粮食总量约24000吨，超过

---

① Muriel Devey Malu-Malu, «Quand la Guinée s'éveillera», Jeune Afrique, 2018 Octobre 2, https：//www.jeuneafrique.com/mag/636113/politique/quand-la-guinee-seveillera/.

100万非洲人民受益。与此同时,联合国机构向几内亚、利比里亚和塞拉利昂受埃博拉疫情影响的300多万人分发了超过77000吨食物。

尽管自2010年执政以来,孔戴政府带领几内亚实现了持续经济增长。客观上,在孔戴执政以前,几内亚社会动荡、民族冲突激烈,遗留问题较多,积重难返。上任伊始,孔戴就面临挑战,2011年7月,他在一次暗杀袭击中幸存下来。原定于2011年举行的立法选举被一再推迟,成为该国政治动荡的根源之一。选举最终于2013年9月28日举行。在立法机构的114个席位中,孔戴所代表的几内亚人民联盟(Rassemblement du Peuple de Guinée)赢得了53个席位,这比任何其他政党或联盟都要多,但不足以获得绝对多数。然而,反对党质疑选举结果,声称发生了欺诈行为,国际观察员对投票违规行为表示担忧,几内亚最高法院于11月维持了选举结果。

加之2013年末到2014年初爆发的埃博拉疫情,到2015年10月举行总统选举时,几内亚在政治、经济、社会各领域遭受了沉重打击。此外,政府持续提高税收和燃油价格,管理不善使得矿产资源成为少数人谋取利益的手段,种种原因的作用下,几内亚普通民众未能真正分享到发展的红利。

在政治方面,阿尔法·孔戴自2010年上台以来,根据几内亚宪法规定,他应该在2020年卸任总统,该宪法只允许连任两届,每届任期为五年。2019年秋,他试图通过全民公投修改宪法以便能够争取连任,获得第三个任期。然而这一举措引发了广泛的抗议和反对,2019—2020年几内亚发生了许多抗议活动,导致数十人丧生。西非经济共同体专家团2020年3月11日公布了选举登记册审计报告,在修订后的选举名单上登记的7764130名选民中,有2438992人没有任何证明文件[1],孔戴政府后将登记选民人数确定为5325137。尽管民众

---

[1] «Guinée: la mission de la CEDEAO publie son rapport d'audit du fichier électoral», Guinée360, 2020 Mars 11, https://www.guinee360.com/11/03/2020/guinee-la-mission-de-la-cedeao-publie-son-rapport-daudit-du-fichier-electoral/.

和反对派进行示威反对，新宪法在投票中获得了有效票中91.59%的支持，阿尔法·孔戴2020年10月18日以59.5%的得票率再次当选，于12月15日宣布就职。2021年9月5日由马马迪·敦布亚（Mamadi Doumbouya）领导的特种部队发动政变，阿尔法·孔戴被扣押，军政府掌权。

（四）马马迪·敦布亚执政时期

2021年9月5日，几内亚首都发生军事政变，马马迪·敦布亚上校作为政变发起人宣布中止宪法、解散政府和关闭陆地和空中边界，成立国家团结和发展委员会（Comité National du Rassemblement pour le Développement）以平稳过渡政权。9月7日，几内亚军队各级军官与马马迪·敦布亚举行会谈，宣布支持马马迪及其成立的国家团结和发展委员会政府。马马迪·敦布亚10月1日在首都科纳克里宣誓就任几内亚过渡总统，2021年10月6日，他任命穆罕默德·贝阿沃吉（Mohamed Béavogui）为过渡政府总理。2022年7月16日，贝尔纳·古穆（Bernard Goumou）被任命为临时总理，接替因健康原因无法出任的穆罕默德·贝阿沃吉，2022年8月20日，他被确认就任总理。

几内亚作为铝土矿的主要出口国，政变消息传来后，引发了全球铝业的波动，世界市场的铝价攀升至十年来的最高点[①]，伦敦金属交易所的铝价一度上涨至每吨2775.5美元。此外，几内亚物价攀升，蔬菜价格上涨21%，玉米价格上涨6%，这一现状加剧了几内亚的粮食问题。有研究数据显示，2022年几内亚总共有992179人正在经历食品消费危机，占人口的8.9%，这一数据较前一年翻了一倍。此外，儿童营养不良在几内亚仍然是一个严重的问题，全国范围内，5岁以下儿童的急性全身性营养不良率达到9%，其中急性严重营养不良率为4%。

---

① 《Guinea coup leader to form new government in weeks》，BBC News，2021 September 6, https：//www.bbc.com/news/world-africa-58461436.

马马迪·敦布亚早年曾在法国就读军校，曾在法国外籍军团服役。据美国媒体报道，敦布亚领导的特种部队一直在接受美国陆军特种部队的训练，敦布亚自2018年执掌几特种部队以来，多次带队参加美国非洲司令部主导的"燧发枪"多国大型军演。分析认为，考虑到敦布亚的背景，几内亚的此次政变存在外部势力参与其中的可能①。据塞内加尔非洲新闻社报道，敦布亚在2018年获得孔戴提拔为特种部队指挥官，负责反恐任务。然而，在政变前一个月，敦布亚被孔戴逮捕并关押，敦布亚后由其指挥的精锐特种部队"红色贝雷帽"成功解救，之后总统卫队营赶到现场试图镇压，但被敦布亚指挥的营救者击败②。

马马迪·敦布亚政变以来，在几内亚国内，反对党几内亚进步联盟（Union pour le Progrès de la Guinée）负责人雅克·格博尼米（Jacques Gbonimy）在接受采访时表示，他对政变并不感到惊讶，认为军队夺取政权的所有条件均已满足，并指责孔戴政府管理不善导致垮台③。反对派共和力量联盟（Union des Forces Républicaines）的塞古·亚亚（Saïkou Yaya）认为孔戴政府被推翻是他拒绝听取反对派和几内亚民众意见的结果④。

国际方面，时任中国外交部发言人汪文斌表示"中方反对政变夺权，呼吁立即释放孔戴总统。我们希望各方保持冷静克制，从几内亚国家和人民的根本利益出发，通过对话协商解决相关问题，维护几国内和平与稳定。"法国、美国、尼日利亚、冈比亚等国谴责通过武装

---

① 沈诗伟：《"铝土矿王国"几内亚政变引发的三大问题》，《世界知识》2021年第19期。
② 姜宣、郝爽言、陶短房、陈康、柳玉鹏：《几内亚军事政变引各方关注》，《环球时报》2021年9月7日。
③ Coup d'Etat en Guinée, «ça ne nous étonne pas(Jacques Gbonimy) », Guinée Matin, 2021 September 5, https://guineematin.com/2021/09/05/coup-detat-en-guinee-ca-ne-nous-etonne-pas-jacques-gbonimy/.
④ Saïkou Yaya(UFR) sur le coup d'Etat en Guinée, «Alpha Condé a fait la sourde oreille...», Guinée Matin, 2021 September 5, https://guineematin.com/2021/09/05/coup-detat-en-guinee-ca-ne-nous-etonne-pas-jacques-gbonimy/.

暴力夺取政权的行为，要求释放孔戴总统和其他拘留者，恢复宪法。另外，非洲联盟、西非国家经济共同体、欧洲联盟和联合国等国际组织纷纷谴责武力夺取政权的行为，并先后派代表团赴科纳克里举行会谈并会见被扣押的孔戴①。西非国家经济共同体立即中止几内亚的成员资格，2021年9月10日，非洲联盟暂停几内亚的成员资格。

2022年5月初，军政府宣布过渡期为39个月②，后缩短为36个月③，2022年10月，在西非经共体和部分国际社会的压力下，马马迪·敦布亚同意进一步缩短其国家元首任期，宣布从2023年1月起进行24个月的过渡④。

几内亚独立后，政变几乎变成了一种惯例，几内亚自成立以来，尽管进行了"民主化"改革，军方介入政治的问题并没有完全解决，文官政府对军队缺乏有力的控制，但是数次政变后的过渡时期较为平稳，并没有持续的武装冲突。正如一些学者指出的那样，几内亚面临国家安全和经济等领域的双重危机。一方面，在政权转移的情况下，局势的不稳定可能吸引在非洲地区活跃的恐怖组织；另一方面，政变可能会影响在几内亚投资矿产业的外国投资者的决断，从而导致几内亚更加贫穷⑤。事实上，除了政治局势的动荡，几内亚经常发生的社会冲突以及政府契约精神相对较弱等不利因素，也会增加企业在几内亚项目运营中的风险。

因而，在政治过渡期的几内亚，面临着三个主要挑战。第一，几内亚的政治格局复杂，涉及多方利益，包括执政党、反对党、军队以

---

① 《敦布亚宣誓就任几内亚过渡总统》，新华社2021年10月2日。
② «En Guinée, les putschistes fixent la transition à <39 mois>, au mépris de la communauté internationale», *Le Monde*, 2022 September 5.
③ «Guinée: la transition vers un retour des civils au pouvoir finalement fixée à trois ans par les putschistes», *Le Monde*, 2022 September 5.
④ *En Guinée, la junte accepte de rendre le pouvoir aux civils dans deux ans*, *Le Monde*, 2022 Octobre 22.
⑤ 姜宣、郝爽言、陶短房、陈康、柳玉鹏：《几内亚军事政变引关注》，《环球时报》2021年9月7日。

及不同民族的代表等。敦布亚领导的军方需要处理与前总统阿尔法·孔戴及其所属政党之间微妙的关系，这将直接影响政府的路线图和未来的政治格局。第二，接管政权后，军方执政将面临能力考验。第三，外部势力可能会趁机介入几内亚政局，利用代表不同利益的党派来影响政局走向，这种外部干预可能会增加政治局势的不稳定性，对几内亚的过渡期和未来发展带来挑战①。

? 思考题

❶ 在法国对西非的殖民统治中，几内亚扮演了什么角色？
❷ 法国的殖民统治对当今的几内亚几内亚现在有哪些方面的影响？
❸ 几内亚数次政变的原因有哪些？

---

① 沈诗伟：《"铝土矿王国"几内亚政变引发的三大问题》，《世界知识》2021年第19期。

第三章

经 济

第一节　经济基本特征及趋势

几内亚是联合国公布的最不发达国家之一。经济以农业、矿业为主，工业基础薄弱，粮食不能自给。几内亚自然资源丰富，有"地质奇迹"之称，铝矾土、铁矿储藏大、品质好，其中铝土矿探明储量居世界第一，此外还有钻石、黄金、铜、铀、钴、铅、锌等。几内亚水利资源丰富，是西非三大河流发源地，有"西非水塔"之称。可耕地600万公顷，其中80%未开垦，农业发展条件得天独厚。铝矾土、咖啡、可可和橡胶是几内亚经济的主要支柱，但经济作物开发规模不大，难以同西非其他农业强国竞争。

几内亚2021年仍被世界银行归为低收入国家。据2023年第二季度《伦敦经济季评》，几内亚2022年的国内生产总值为186亿美元，人均国内生产总值1236美元，国内生产总值增长率4.8%，通货膨胀率为10.5%。

几内亚的自然条件优越，自然资源极其丰富，尤其是矿业一家独大。国际货币基金组织数据显示，2021年几内亚矿产品占几内亚当年出口总额的90%，占GDP的22%。除矿业外，几内亚的其他工业非常薄弱，几内亚统计部数据显示，2020年制造业占国内生产总值

9.6%。几内亚拥有丰富的矿产资源：估计拥有世界已探明铝土矿储量的四分之一，超过 18 亿吨的高品质铁矿石，重要的钻石和金矿，以及数量未确定的铀。2021 年，几内亚是世界上最大的铝矿石出口国，2021 年的贸易顺差为 43 亿美元。矿业虽是几内亚经济的支柱产业，但其投资、开采、产品等诸多关键环节都不能自主实现，仍需依靠国外公司和国际市场。

几内亚全国约 75% 的劳动人口从事农业和其他农村活动，但据世界银行统计，2021 年农业增加值在国内生产的比重仅达到 25.82%。除少数由外国援助或投资建设的农场以外，大部分农村的农业生产仍停留在极端落后的半原始耕种状态。

在几内亚三大产业中，第一产业和第二产业在国内生产总值中的比重约为 50%，其余的为第三产业。近年第一产业和第二产业之间的差距有所拉近，主要是因为第一产业增加值上涨较快，2019 年为 326265 亿几内亚法郎，较上一年增加了 33%。第三产业中比例最大的是贸易，约占第三产业总产值的 50%。

一 几内亚独立后的经济发展

在几内亚 1958 年 10 月独立后的六个月内，几内亚与东欧多个国家签署了购买农产品的贸易协定，与其他社会主义阵营国家的接触、交往也愈发频繁。

1959 年 10 月 27 日，美国国务卿克里斯蒂安·赫脱（Christian Archibald Herter）会见赴美国访问的塞古·杜尔并发表公告，明确表示美国愿与几内亚开展经济合作，并为非洲人民争取政治独立提供帮助。11 月，塞古·杜尔访问英国，并与英国女王代表、首相和外交大臣进行了会晤。英国还援助几内亚修建了纺织工厂等。还有一些西方国家也对几内亚提供了援助，如意大利援建了果汁加工厂和榨油工厂，联邦德国援建了屠宰场、制革厂及制鞋厂等。

1985 年以来，几内亚政府采取了一系列政策，使商业活动回归私营部门，促进投资，减少国家在经济中的作用，并改善行政和司法框架。政府取消了对农业企业和对外贸易的限制，清算了许多半国有企业，增加了教育支出，并大幅缩减了公务员队伍。政府在公共财政重组方面也取得了重大进展。几内亚政府于1998年修订了《私人投资法》，以自由企业的精神刺激经济活动。该法不歧视外国人和几内亚国民，并规定利润汇回几内亚。科纳克里以外的外国投资有权享受特别优惠的条件。国家投资委员会审查所有投资建议。美国和几内亚签署了一项投资担保协议，通过美国海外私人投资公司（Overseas Private Investment Corporation）为美国投资者提供政治风险保障。几内亚计划建立一个仲裁法庭系统，以便快速解决商业纠纷。

在时任总理、经济学家塞卢·达莱因·迪亚洛（Cellou Dalein Diallo）的领导下，几内亚政府积极改善与国际金融机构的关系，以吸引资金实施经济发展计划，恢复国家宏观经济平衡。并于2004年12月启动了一项严格的改革议程：允许汇率浮动，放松了对汽油的价格管制，减少了政府开支，改善了税收……但这些改革并没有降低通货膨胀率。几内亚的通货膨胀率2004年达到27%，2005年达到30%。货币贬值也是一个问题，2005年1月，几内亚法郎兑美元汇率为2550；到2006年10月，几内亚法郎兑美元汇率达到5554；2016年8月，这一数字已达到9089。

世界银行积极参与几内亚的经济发展，包括美国在内的许多双边捐助国。几内亚的经济改革最近取得了显著的成功，经济增长率提高到5%，将通货膨胀率降低到99%，并在限制官方支出的同时增加了政府收入，但几内亚的外债负担仍然很高，拥有大量需偿还的外债。尽管几内亚经济存在许多问题，但并非所有的外国投资者都不愿意来几内亚。美国铝业和加拿大铝业正在筹划建造一个规模略小的炼油厂，价值约15亿美元。此外，美国Hyperdynamics石油公司在2006年签署了一项协议，开发几内亚塞内加尔盆地的近海石油矿藏。

二 几内亚经济发展动向

几内亚的出口总额在 21 世纪初几乎增加了两倍，在 21 世纪 10 年代增加了四倍多，2021 年贸易开放程度达到 GDP 的 132%。因此，曾经巨大的结构性贸易逆差迎来小的贸易顺差。贸易的大幅增长改变了几内亚贸易伙伴的形象，亚洲市场取代了欧盟市场。几内亚出口越来越集中在部分贵金属和矿物。总体看来，几内亚黄金出口猛增，铝土矿增长强劲，而钻石、原油和天然气出口则暴跌。

自 2000 年以来，几内亚农产品出口有所下降。木材和咖啡的出口在过去十年中已不具有出口优势。可可豆和腰果则成为重要的出口产品。

近年来，由于采矿（主要是铝矾土）、基础设施投资增加以及农业表现良好，几内亚经济持续增长。矿业生产强劲，经济总体呈增长趋势。受采矿业产量增加的推动，特别是占出口 50% 的黄金和 44% 的铝土矿，该国的 GDP 在 2022 年增长了 4.6%。预计 2023 年的增长率为 5.1%，2024 年为 5.5%。

几内亚的采矿业及越来越多的水电大坝建设吸引了大量外国直接投资流入。2016—2021 年外商直接投资流入量占 GDP 的 13.5%。由于采矿、电力和运输部门的发展，2022—2025 年将达到 10%。如果在这方面取得快速进展，外国直接投资可能在几年内增加近五倍。然而，外国直接投资净流入在 2011 年达到 GDP 的 14% 的峰值，一直起伏不定。2016 年外国投资占 GDP 的 19%。2019—2021 年，外国直接投资净流入平均仅占 GDP 的 0.9%，在 2010 年和 2013—2015 年，这一比例为 1% 或低于 1%。由于手工金矿开采的繁荣，外国直接投资流出可能会保持在高位。可以说，几内亚过去十年取得的经济进步在很大程度上是由外国直接投资和采矿业的增长推动的，并特别集中铝矾土和黄金的出口。最近的数据表明，采矿业仍将是几内亚的主要行业，也是几内亚未来几年的增长引擎。特许权使用费的管理质量以及促进补充投资以加强与采矿业的前后联系，将有助于决定采矿业的可持续性。从区域角度来看，由于采矿业的发展，工业增加值有所提高，但近几十年来，几内亚在经济转型、工业化或制造业活动方面几乎没有什么变化。大量劳动力从农业转移到服务业，服务业就业的增长速度几乎是城市就业增长速度的两倍。

几内亚仍然面临适度的债务危机风险，政府要求通过快速信贷机制支付5355万美元特别提款权（相当于国家配额的25%）。该措施还用于包括与世界粮食计划署合作分发实物粮食，购买化肥，以及加强对弱势家庭的现金转移计划。

尽管几内亚长期以来都是部分区域集团的成员，但未在经济上与非洲其他地区及其邻国融合，与非洲其他地区的贸易相对较少，与邻国的贸易更少。非正规贸易对某些产品类别很重要，但非正规贸易存在流动体积小、不规则、杂乱无章等一系列缺点。几内亚也加入了非洲大陆自由贸易区（AfCFTA）。几内亚贸易部长巴里（Boubacar Barry）在2019年5月明确了几内亚将从三方面抓住非洲大陆自贸区机遇：第一，要大力推动工业化的进程，鼓励和支持本国企业和外资企业在几内亚投资设厂，大力推动制造业的发展。第二，要培育"出口文化"，几内亚企业目前的出口意识不强，出口愿望不强，缺乏一种"出口文化"。第三，要充分利用好几内亚的独特优势，努力培育一大批具有竞争力的本国制造产品。2021年1月1日，标志非洲区域一体化和经济转型重要里程碑的非洲大陆自由贸易区正式启动。自此，非洲大陆自贸区44个签约国之间将实现贸易自由化，形成一个统一的大市场。几内亚政府也决心要紧紧抓住这个历史性的重大机遇，大力推动几内亚产品对其他非洲国家的出口，寻求经济发展的新机会。

第二节　农业

农业是几内亚经济的支柱产业之一，农业和其他农村活动约占全国就业的四分之三。根据世界银行发布的数据，2021年几内亚农业增加值占GDP比重的25.82%。但是其农业生产仍处于小农水平，95%的耕地是以家庭为单位采用传统方式进行耕种。几内亚农业主要可以分为种植业，畜牧业，渔业和林业。

一　种植业

几内亚是西非地区传统的农业国家。自然条件多样，土壤肥沃，雨量充足，具有丰富的农业土地资源。几内亚国土面积为24.6万平方千米，有6.2万平方千米的可耕地，其中仅有50%被开发利用。

几内亚的农作物可分为粮食作物和经济作物两大类。粮食作物供国内消费，主要有稻谷、福尼奥米、玉米、薯类等。大米是几内亚人民的主要粮食之一，产于沿海平原和河谷平原，但国内生产目前无法满足需求，仍需大量进口。根据美国国际贸易管理局数据，大米是几内亚最主要的进口食品，约占所有进口食品的40%。2020年几内亚进口大米2.39亿美元，成为世界第38位大米进口国。尽管大米在几内亚国内的产量有所上升，但进口量也大幅增长。根据几内亚科纳克里自治港的统计，2014年几内亚共进口大米64.87万吨，比2013年增长23.5%。根据联合国粮农组织数据，几内亚2022年大米进口数量预计达到85万吨，比过去5年平均水平高出17%。几内亚的经济作物用于出口及国内工业原料，主要有香蕉、菠萝、咖啡、油棕等。

二　畜牧业

几内亚雨季长达6个月，拥有辽阔的草地和丰富的水源，有发展畜牧业的良好自然条件。全国供畜牧土地主要集中在中几内亚富塔贾隆高原和上几内亚萨赫勒草原。几内亚牧草丰盛，主要饲养牛、羊、猪和其他家禽。其中富塔贾隆高原是全国最好的牧场，自古以来一直是西非著名的畜牧业区。

几内亚有着悠久的畜牧传统，盛产黄牛，以菜牛为主。几内亚畜牧部发布的数据显示，2021年几内亚全国范围内，牛的存栏总数为882.7万头，其中以康康区和博凯区的数量最多，分别拥有195.5万和172.3万头。除了牛之外，还有羊723.4万头（其中绵羊328.9万头，山羊394.5万头），猪18.5万头。由于几内亚人口中约85%信仰伊斯兰教，猪的饲养受到较大限制，存栏数与消费量都很少。牛羊是几内亚人餐桌上的主要肉食。几内亚的牛羊主要以家庭为单位分散饲养，每家四五头至十几头牛。主要居住在富塔贾隆高原的颇尔族人有游牧传统，因雨季自北向南延长，南方雨季最长，他们一般向南游牧。当游牧到南部边境时，牛也成长到可以屠宰的体量，此时再将牛群赶向东南面具有现代化屠宰与冷冻设备的邻国科特迪瓦出口。

三 渔业

几内亚位于大西洋沿海地区，海岸线长约352千米。几内亚渔场正处于河流入海口，因北边的加那利寒流和南边的几内亚暖流在此交汇，利于鱼类生长繁殖，因此渔业资源十分丰富，近海浅水区鱼类蕴藏量约23万吨，深海区约100万吨，总可捕量30多万吨。海洋捕鱼生产分为淡季与旺季，旺季为每年12月至翌年5月，淡季则为6月至9月。除海洋捕鱼外，几内亚境内有许多河流，为内河捕鱼提供了条件。

几内亚渔业资源丰富，开发程度却较为低下。2018年渔业产出值占国内生产总值为5%左右。本国渔民多使用小船从事手工捕捞，尽管也存在工业捕鱼船只，但大多为外国捕鱼公司所有。2014—2018年，几内亚当年拥有的工业捕鱼船大多仅限于个位数，而外国船只则为本国船只的 8—11 倍左右。外国捕鱼公司向几内亚政府购买捕鱼证，然后在几内亚海域进行捕鱼。外国渔船将捕到的鱼立即冷冻，并装船直接出口到其他大陆，对几内亚本国渔业的发展和生产没有太大的帮助。

另外，长期发生在几内亚海域的非法捕捞，给几内亚带来了巨大的经济损失。英国海洋资源评估小组 2010 年西非非法捕鱼成本估算的最终报告显示，几内亚具有较为严重的非法捕捞问题，其非法捕鱼比例在所有邻国中最高，约为 60%。据估算，2010 年几内亚非法渔获物价值高达 8370 万美元，约为当年合法渔获物价值的 1.5 倍。因非法捕捞活动损失的就业岗位达 9780 个。除了经济上的影响外，非法捕捞也给渔业资源保护和生态系统带来了强烈冲击。使用禁用的捕鱼工具或在保护区捕捞造成鱼类栖息环境的破坏，也对一些濒危的物种（如海龟、鲨鱼、信天翁、海洋哺乳动物）等造成威胁。

针对上述问题，为了实现渔业的可持续发展，几内亚加强了渔业的管理和监督，并更多参与到环境保护中。从 1997 年 2 月 25 日起，下海捕鱼都要办理执照，与此同时成立了全国渔业科学中心和全国捕鱼监督中心。2014 年几内亚政府实行休渔期政策，即从领海基线起 111.12 千米以内每年 7—8 月休渔。2016 年几内亚与其他 6 个国家、多个国际组织一起，参与到"保护加那利洋流大海洋生态系统（CCLME）"的可持续管理项目中，旨在对抗水污染，反对过度砍伐红树林，反对使用不可生物降解的渔网等。

同时，为了保护几内亚本国的渔业，发展几内亚人的手工捕捞，几内亚《渔业法》规定外国渔业公司只能在几内亚海域从事工业化捕捞，不得从事手工捕捞。只有几内亚国籍渔民和西非国家经济共同体成员国的渔民才能在几内亚海域从事手工捕捞。2019 年 4 月，几内亚渔业部称，几内亚手工渔业捕捞约占总捕捞量的 50%，另外 50% 为工业化捕捞。

根据几内亚统计局2022年发布的数据，2021年几内亚海洋捕捞水产品产量38.4万吨，其中手工捕捞水产品产量约27.05万吨，工业化捕捞水产品11.35万吨，陆地上内河捕捞淡水水产品6.28万吨，人工养殖水产品2519吨。

四 林业

几内亚的自然气候条件十分适宜各种植物生长，国内森林资源很丰富，森林和植被占地13.18平方千米，占国土面积的53.63%，其中森林覆盖率约26%：包括2500平方千米红树林、7000平方千米湿树林、16000平方千米干燥茂密的森林和林地、106390平方千米的热带稀树草原。几内亚拥有多样的森林生态系统：红树林、森林、干树林和多种多样的动物和植物。

近年来，由于滥伐、毁林种地、矿产开发、人口增长、过度放牧、传统的烧荒习惯等，可供开发的森林面积逐渐减少。世界银行数据显示，1990—2020年，几内亚森林面积占土地面积百分比逐年下降，由29.6%下降至25.2%。自然再生森林逐渐消失并被人造林替代。为保护几内亚森林资源，政府采取了一系列措施。孔戴总统就职后，限制森林砍伐活动。2011年12月，几内亚颁布法令，规定在新的政令出台之前，禁止任何企业和个人在几内亚境内采伐树木。自2016年9月起，几内亚全面禁止原木的商业化、工业化采伐、运输和出口。2016年上半年，几内亚政府先后颁布3个法令，对木材的采伐、运输、出口和消费制定了严格的限制性措施。根据几方颁布的法令，外国公司工业化、商业化采伐原木被全面禁止。几内亚本土中小企业人工采伐有条件允许，即需事先得到环保部批准、在环保监察官员现场监督下小范围、有节制地采伐，且这些木材只能在几内亚本土使用和消费。法令对于森林资源税费的标准和征收办法也做出了更加详细的规定。

第三节 工业

世界银行发布的数据显示，2021年几内亚工业增加值占GDP比重达到28.5%。2020年，几内亚第二产业增加值达390121亿几内亚法郎，较上一年上涨了7.5%。其中矿业占比最大，约为第二产业增加值的50%，其余集中在制造业、水电气生产和建筑业。

一　矿业

几内亚是世界上矿产资源最丰富的国家之一，有"地质奇迹"之称。矿业是几内亚国民经济的支柱，是几内亚财政和外汇收入的最主要来源，采矿业为几内亚国内生产总值贡献了12%—15%。几内亚矿产资源主要有铝矾土、铁矿、黄金、钻石，此外还有铜、铀、钴、铅、锌等矿产。在沿海大陆架已发现石油，但尚未进入开采阶段。

（一）铝土矿

几内亚铝土矿因其低活性二氧化硅含量和高氧化铝含量，成为世界上质量最好、最受氧化铝精炼厂追捧的铝土矿。根据美国地质勘探局2022年矿产品总结的数据，全球铝土矿资源量估计达到550亿—750亿吨，而几内亚铝土矿储量约74亿，居世界第一位。几内亚铝土矿的特点是：矿脉埋藏浅、矿床覆土薄（一般不超过2米），大多可露天开采。矿脉厚，平均可达12米。矿石品质好，氧化铝平均含量高达45%以上，部分矿区最高达62%，二氧化硅含量1%—3.5%，属低温易加工型三水铝矿。贮藏集中，大部分矿点都有几百万吨到上亿吨不等的储量，便于开发。2020年几内亚共出口铝土矿8240万吨，成为全球最大的铝土矿出口国，其中5267万吨出口到中国，占总出口量的63.96%。

几内亚铝土矿分布广泛，在整个国土几乎均有矿点显示。其中，下几内亚储量最为丰富，被认为是全国最好的铝土矿区，主要分布于博凯、金迪亚和弗里亚三个地区，其中博凯地区品位高达65%—69%，属第一梯队；其次是弗里亚，品位达45%，属第二梯队；金迪亚品位40%，属第三梯队。中几内亚铝土矿主要集中在拉贝、高瓦尔和图盖，上几内亚主要集中于达博拉。

几内亚优质的铝土矿资源吸引了众多国际知名的矿产公司前来投资。目前在几内亚共有13个主要的铝土矿开采和出口业务，其中中国企业5个，其他国家企业8个。参与几内亚矿业市场的公司主要有美国铝业公司、俄罗斯铝业联合公司、新加坡韦立国际集团、中国铝业集团有限公司、国家电力投资集团公司、英国ALUFER矿业公司、阿联酋全球铝业公司、印度阿夏普拉公司等。

（1）几内亚铝土矿公司（以下简称CBG）是世界上最大的铝土矿生产公司之一，几内亚第一家铝土矿生产企业。该公司几内亚政府持股49%，"HALCO"矿业集团持股51%（其中美国铝业公司持股45%、加拿大铝业集团持股45%、德国DADCO持股10%）。公司位于博凯地区，开发桑加雷迪及其周边地区的高品位铝土矿。近年来该公司铝矾土产量保持在每年1400万吨左右，该公司未来铝土矿年产量将增至2250万吨。

（2）俄罗斯铝业联合公司（UC RUSAL，以下简称俄铝）。俄铝在几内亚的子公司包括金迪亚铝土矿公司（简称CBK）、迪安铝土矿公司（简称DIANDIAN）和FRIGUA氧化铝厂（以下简称FRIGUA）。其中，CBK在几开展业务历史较长，该公司2016年产量为354万吨，2017年产量为312万吨。DIANDIAN位于博凯大区，2018年起正式出矿，计划在一段时间运营后达到1200万吨年产量。FRIGUA是几内亚唯一一家也是非洲第一家氧化铝厂，该厂2012年曾因工人罢工停产，2018年复产，第一期计划年产65万吨氧化铝。

（3）西艺杜赢联盟（以下简称赢联盟）。由中国宏桥集团有限公司、山东港口烟台集团有限公司、新加坡韦立国际集团、几内亚UMS

集团 4 家组成的企业联合体，在几内亚注册成立了博凯矿业公司。该公司是最早出矿的具有中资背景的企业，于 2014 年进入几内亚铝土矿市场，2015 年 7 月 20 日实现出矿。发展十分强劲，根据几内亚地矿部数据，该公司在 2022 年几内亚铝土矿产量和出口量都位列第一，分别为 36381407 吨和 35941353 吨，是几内亚中外所有矿企中产能最大和产量最高的企业。

（4）中国铝业集团有限公司几内亚博法铝土矿项目储量为 24.1 亿吨，保有可开发资源量约 17.5 亿吨，可持续开采长达 60 年。2018 年 10 月开工建设，2020 年 4 月 6 日项目重载联调一次成功，用一年半的时间完成了几政府原计划用时 3 年的建设任务，并于当年超额完成供矿任务。项目集铝土矿开采、可控上料、自动除铁、自动转运、自动分料、可控装船及故障诊断和远程维护功能于一体，智能化和自动化系统为全球铝土矿领域最高水平。中铝几内亚作为中铝集团共建"一带一路"的"排头兵"、推进"两海"战略的"桥头堡"，牢牢扎根非洲红土地，秉持人类命运共同体理念，按照"彼此尊重、相互理解、遵纪守法、公平正义"的原则，始终尊重当地文化，遵守当地法律法规，积极履行企业社会责任，始终围绕"项目与社区和谐发展、与环境和谐共生、与当地共同腾飞"原则开展工作，成为几内亚"社会尊敬、员工自豪、效益优良和环境友好"的典范，彰显了中国企业良好的责任担当和社会形象。中国铝业集团有限公司几内亚荣获"2022 年几内亚最佳社会责任矿企奖"。

近些年，几内亚铝土矿开发迅猛。根据几内亚地矿部发布的数据，2022 年全年几内亚累计生产 103525513 吨铝土矿，同比增长 18%，出口 102288468 吨铝土矿，同比增长 19%。

（二）铁矿

几内亚拥有世界上最大的未开发铁矿石储量。这种矿石质量上乘，铁含量通常大于 65%。预估总储量超过 200 亿吨，约占世界五分之一，目前已探明储量 65 亿吨，矿石品位高达 56%—78%。几内亚铁矿主要包括三种矿石类型：高品位赤铁矿、针铁矿、含硅赤铁矿。

铁矿主要分布在几内亚的南部和中部，几内亚东南部与利比里亚和科特迪瓦的交界处最为集中。主要矿区包括东南部的西芒杜山矿区、宁巴山矿区和佐格塔铁矿矿区（Zogota，位于恩泽雷科雷区）和中部的卡利亚（Kalia）矿区（位于法拉纳区）。宁巴山矿区总储量约20亿吨，矿体长度40千米，矿石类型为赤铁矿、针铁矿，品位60%—69%。其中皮埃尔矿体品位66.7%以上的储量估计大于3.5亿吨，且矿体埋藏浅，平均剥离量为0.6—1米，矿石松软，广泛露出地表。

西芒杜山矿区拥有世界上最大的高品位铁矿石矿藏，估计储量超过18亿吨，矿石类型为赤铁矿，矿石品位超过65.5%，厚度最小10米，最大200米。西芒杜山矿区汇聚了世界上在建最大的采矿、铁路和港口项目。该项目由新加坡韦立国际集团、山东魏桥创业集团有限公司、佑美顺国际物流、山东港口烟台港集团有限公司组成的联合体及几内亚政府合作开发，包括650千米的客运和货运铁路、主要道路改扩建、容纳25万至30万吨船舶的深水港和铁路沿线的电信基础设施等。此外，英国力拓集团和中国铝业集团有限公司等公司也在商谈西芒杜部分铁矿开采事宜。作为非洲正在开发的最大的综合采矿基础设施项目，该项目可以使几内亚的国内生产总值翻一番，并为该国加速经济转型作出贡献。

然而，几内亚铁矿的开采程度还有待进一步发展，目前仅阿夏普拉矿业有限公司一家公司处于出矿状态。2022年，几内亚铁矿产量仅为306412吨，出口量为383972吨，较上一年分别下降了83%和65%。

（三）黄金

几内亚的黄金主要分布在该国东北部锡吉里地区的上尼日尔盆地，包括锡吉里区（Siguiri）、库鲁萨区（Kouroussa）、芒贾纳区

（Mandiana）、丁吉拉伊区（Dinguiraye）和康康区（Kankan），年均产量约为8—10吨，潜在储量估计为700吨。几内亚的黄金质量好，等级在850‰—980‰（20—23.5克拉），主要以工业，半工业和手工方式进行开采。金矿开采仍以小规模手工开采为主，其出口量占几内亚2022年全年出口量的72%。几内亚《矿业法》规定只有几内亚国籍居民才能从事金矿的手工开采，仅几内亚本土企业才能从事金矿的半工业化开采，外籍人士、外国企业只能从事工业化开采。

2022年几内亚全年黄金产量为682611盎司，出口量为764273盎司，较2021年产量与出口量分别上涨18%和32%。

几内亚主要黄金公司有：

第一，南非安格鲁阿山帝黄金有限公司（Anglo Gold Ashanti）的几内亚黄金分公司（Société Aurifère de Guinée, SAG）。该集团为世界第三大黄金开采企业。

第二，俄罗斯北方金矿公司（Nordgold）：其几内亚子公司名为丁基雷耶矿业公司（以下简称SMD）。

几内亚政府在两家企业中各自占有15%股份。

除以上两公司外，摩洛哥矿业集团曼尼吉公司（Managem）在几内亚的分公司（Société des Mines de Mandiana, SMM）也处于出矿状态。该分公司在几内亚芒贾纳区（Mandiana）开采一处金矿，第一期基建于2021年竣工，投资1.75亿美元，设计年开采黄金10万盎司。2022年，SAG公司黄金的产量和出口量分别为1022369和1140276盎司，SMD公司黄金的产量和出口量分别为587342和635671盎司，SMM公司的数据分别为513441和601209盎司。

（四）钻石

几内亚官方统计显示其钻石已探明储量为3000万至4000万克拉，可能储量为5亿克拉。几内亚钻石以质量优秀而闻名，可价值数百万美元，主要赋存在受深部裂隙系统控制的中生代金伯利岩墙和岩管中，有些富集在冲积和残积的砂矿中，平均品位在0.12—2克拉/

立方米，45%—60%可以加工首饰，25%—40%为工业用钻，主要分布在上几内亚（在Banankoro-Sefadou地区）和森林几内亚（Macenta）的巴乌雷（Baoulé）、米洛（Milo）、迪雅尼（Diani）河沿岸，在西部沿海地区亦有分布。

目前，几内亚的钻石开采企业主要有guiter和IJD等，但几内亚钻石主要产自小矿山和个体生产者，以手工开采为主。钻石主要供出口，出口市场包括：比利时、瑞士、法国、美国、以色列、南非、阿联酋。2022年全年，几内亚共出口钻石11384768万克拉。

（五）石油、天然气

几内亚近海盆地存在着大量沉积岩层。20世纪起就已经吸引了众多外国公司前来考察。1968年开始，英荷壳牌集团开始对几内亚陆上和近海石油、天然气资源进行初步考察。此后，美国Buttes Resources公司、Union Texas & Super Oil公司、挪威Geco Norvege公司和加拿大石油公司（Petro Canada）先后参与勘探。相关工作确认了在几内亚近海白垩纪、古生代和第三纪地质构造中蕴藏着丰富的油气资源。2006年，美国得克萨斯州Hyperdynamics公司对占几内亚近海区域面积三分之一、约8万平方千米区块进行勘探，并于2011年宣布，乐观估计该区块深水区石油储量达37亿桶，去除风险因素可达4亿桶，浅海区约23亿桶，去除风险因素可达3.7亿桶。

1986年几内亚共和国颁布《石油法》，对油气勘探、产品开发和运输作出相应规定。据此，国家通过国有机构或国有公司直接参与，外国法人或自然人经过批准可申请石油勘探许可和开采许可（勘探许可有效期4年，开采许可25年，均可申请延期），生产的油气产品必须有一部分上交给几内亚政府作为特许权回报。《石油法》的颁布进一步促进了外国公司来几内亚进行油气的勘测和开发。

2014年，几内亚共和国颁布了新的《石油法》。2018年，几内亚政府组建新内阁，成立了石油与天然气部，主导开发和利用陆海石油资源。根据2021年12月的一项法令，过渡政府成立了国家石油公司

(SONAP),负责进口、储运、分销燃料,有效地将燃料行业国有化。该法令取代了此前管理下游业务的国家石油进口公司和管理包括勘探和生产在内的上游业务的国家石油办公室(ONAP)。几内亚国内目前没有炼油厂,这意味着即使是最轻微的燃料供应中断也会引发燃料短缺。

(六) 其他矿产资源

此外,几内亚还有各种色泽和品质的花岗岩,还有罗斯岛的伟晶岩,基西杜古西部的红宝石、蓝宝石、绿宝石等宝贵资源(见表3-1)。

表3-1　　　　　　几内亚其他矿产资源简况

矿物名称	简况
铀矿	几内亚境内至少蕴藏14个矿脉,具体储量有待核实
镍矿	储量约18.5万吨
石墨	分布在森几恩泽雷科雷、罗拉等地,储量约1.13亿吨
石灰石	储量约4000万吨
磷酸盐矿	分布在博凯地区
硝酸盐矿	分布在西基里地区
滑石粉矿	分布在康康地区
钴矿	位于科纳克里市郊、卡鲁姆半岛
铬矿	在科亚(Coyah)卡库利马(Kakoulima)山区发现一个矿脉
铜、铅、锌矿	分布在特里梅雷、金迪亚、科莱、科利亚、科亚、拉贝、马利、达博拉、达拉巴(Dalaba)等地
铂金矿	科亚卡库利马山区发现两个矿脉
铌钽矿	在金迪亚、拉贝、达博拉和库鲁萨等地

资料来源:作者自制。

二　电力工业

几内亚电力供应非常紧张,尤其是旱季枯水季节,水电站不能充分发电的时候。几内亚已开发水电装机总计36万千瓦。卡雷塔水电站是几内亚最大的水电站,装机容量24万千瓦,总投资4.12亿美元,2015年9月正式并网发电。此外,主要水电站还包括由法国公司修建的"GARAFITI"水电站(10万千瓦)、金康水电站(3400千瓦)、丁基索水电站(1650千瓦)等。全国除首都中心区外,其他地方均需自备发电机发电。火电厂主要有科纳克里东博热电厂(装机容量5.1万千瓦)及外省14个小型火电厂(总装机1.55万千瓦)。2022年,由中国水电三局国际公司承建的几内亚苏阿皮地水利枢纽工程获得业主签发的接收证书,标志着项目已顺利完工,移交业主并进入质保期。苏阿皮地水利枢纽工程位于西非西岸,孔库雷河流域中游,是梯级开发的第二级水电站,为中国"一带一路"重点工程,被誉为几内亚的"三峡工程"。2017—2018年,苏阿皮地水利枢纽工程业主人员培训项目全体30名学员在河海大学(中国·南京)接受培训,并于2018年6月在中国宜昌三峡坝区受到了几内亚总统孔戴的亲切接见。苏阿皮地水利枢纽工程开发以发电为单一目标,规模为一级水电站,有效库容60亿立方米,电站总装机容量450兆瓦。苏阿皮蒂项目的建成投产,促进了几内亚经济发展。对流域梯级开发具有蓄丰保枯、调节径流的作用,同时其生产出的多余电能将输送至塞内加尔、几内亚比绍、塞拉利昂、利比里亚和马里等周边国家,使几内亚正式成为西非电力输出国。

第四节 旅游业及主要城市

一 旅游业

几内亚具有丰富的旅游资源,全国共有旅游景点200余个,著名的有新娘面纱瀑布、杜布雷卡瀑布等。目前,几内亚的旅游业处于欠发展的程度,尽管自2017年以来游客入境人数有大幅增长,但专程前往几内亚旅游的旅客仍然较少,仅占所有入境人数的35%左右,且

第三章 经济

大部分是前往几内亚进行商业活动的商人。几内亚统计部的数据显示，2021年几内亚有520家旅馆、8550个房间和12120个床位，较前几年没有太大变化。

几内亚拥有良好的旅游业发展条件，四大自然区在地形、气候、自然景观、民族文化等方面各具特色，呈现出多彩纷呈的非洲风光。

上几内亚位于几内亚东北部，为平均海拔约300米的台地。所在地属于热带草原气候。游客可以在这欣赏到非洲著名的自然风貌——萨赫勒稀树草原风光。尼日尔野生动物园内有非常丰富的动物群，包括狮子、豹子、土狼、水牛、羚羊等。这一带是尼日尔河的上游地区，发源于几内亚富塔贾隆高原东南坡的尼日尔河在这里汇集众多支流，然后形成大河向东北方向流去，最终注入几内亚湾。

中几内亚位于几内亚中部，为平均海拔900米的富塔贾隆高原。西非许多河流发源于此，因此富塔贾隆高原也被称作"西非水塔"。这里气候温和，有深壑的峡谷、陡峭的悬崖、迷人的瀑布和河流沿岸的森林长廊。有些山区还存在非洲罕见的松树林和竹林等自然风貌。在这里进行简单的上山徒步旅行，欣赏高原的自然美景成了许多旅行者的不二之选。高原西部的达拉巴地区是气候宜人的度假胜地。舒适的环境不仅吸引众多游客，也吸引了许多知名人士在此处留下足迹——法国常驻塞内加尔达喀尔的法属西非殖民总督在达巴拉的建筑遗址被保存至今，1908年法国诺曼底草药师奥古斯特·切瓦利尔（Auguste Chevalier）博士创建了一个实验花园（Jardins Auguste Chevalier），当代南非著名歌手米尔娅姆·马科巴（Miriam Makeba）在此处拥有自己的别墅等。

富塔贾隆高原是颇尔族人的居住地。颇尔族人是北非柏柏尔人的后裔。他们的祖先是游牧民族，16世纪从塞内加尔和毛里塔尼亚向富塔贾隆地区游牧和定居下来。在17—18世纪时又有一批皈依了伊斯兰教的颇尔族人从塞内加尔的富塔托罗来到富塔贾隆。他们将这一地区的当地民族驱逐到西部沿海地区。从那时起，富塔贾隆便形成以颇尔族人为主的地区。颇尔族人后来创建的富塔国在传播伊斯兰教和伊斯兰文化方面具有重大贡献,是富塔国使伊斯兰教走出宫廷来到民间。尽管富塔国只存在了两个多世纪,其首都廷博(Timbo)是几内亚伊斯兰教的古都,至今仍保留着18世纪的清真寺。在这里除了了解几内亚伊斯兰教的发展,还可以参观西非第二大河塞内加尔河的源头,该河上游最大支流巴芬河正是发源于此。

下几内亚位于几内亚西部,也叫沿海几内亚。拥有大西洋沿岸大约300千米的海岸线,占据了有零星的丘陵和高地的辽阔平原,面积为3.6万平方千米。首都科纳克里三面环海,在海上距离不到7000米的地方有一个岛屿群名叫洛斯群岛。其中南面的鲁姆岛上,有美丽的白色沙滩和海边度假村,游客可以在享受美景的同时进行水上运动。在科纳克里往东146千米,距离金迪亚13千米处,有几内亚著名的旅游景点新娘面纱瀑布。由于从高处落下的两条瀑布稀薄如纱,因此被称为新娘面纱。

几内亚东南部为几内亚高原,是非洲热带森林自然风貌,有全境最高峰的宁巴山(海拔1752米)与西芒杜山。位于几内亚与利比里亚交界的宁巴山,其山坡上覆盖着低层茂密的森林,草地上的高山牧场布满了特别丰富的特有动植物。1944年,宁巴山被列为自然保护区,1980年被列为生物圈保护区。1981年被联合国教科文组织列为世界自然文化遗产。宁巴山是感受几内亚丰富多样自然景观的一大景点。

二 主要城市

几内亚城市是从古至今随着对外贸易的发展和历史的变迁分批形成的,城市规模分布很不平衡,100万人口以上的城市只有首都科纳克里(Conakry),其他城市人口从几万到几十万不等,有的城市人口甚至不到1万人。

科纳克里是几内亚首都,也是全国最大的城市和海港,由内陆的卡库利玛高原向西南深入至几内亚湾卡卢姆半岛，绵延 36 千米，最狭窄处宽仅 1 千米，为填海连接而成。卡卢姆半岛为中心市区，由海拔约百米的群丘组成，地势由西到东缓慢升高。从欧洲飞跃撒哈拉沙漠后鸟瞰科市，整个城市掩映在椰树、芒果树、棕榈和木棉的葳蕤葱绿之中。经过筑堤、填海，城市面积整体增加，到今天科纳克里长达 30 多千米、面积 200 多平方千米科纳克里对面的罗斯群岛由 5 个小岛组成，属近海死火山岛，呈弧形分布，景区内有优质的沙滩和宁静的港湾。可开展游泳、垂钓、慢跑、欣赏大西洋落日等休闲活动。其中的塔马拉岛上仍留存有法国殖民者于 1914 年修建的监狱遗址。但囿于交通不便，往返仅靠当地渔民木船摆渡，且因开发资金匮乏，罗斯岛严重缺乏水、电、栈桥、码头、酒店等基础设施，周围环境也亟须必要的整治与维护。

康康是几内亚的第二大城市，位于几内亚东部尼日尔河上游的米罗河畔，海拔 380 米。作为历史上几内亚早期形成的城市之一，康康在 8 世纪前后因撒哈拉沙漠贸易的发展成为重要商业城市。凭借优越的地理位置，康康一直享有特殊经济地位。几内亚独立后，特别是 20 世纪 90 年代基础设施的完善，使康康在几内亚和西非地区的重要性进一步提升。如今，康康的人口已超过 30 万，是几内亚和西非地区的公路交通枢纽，几内亚、马里、科特迪瓦三国边境贸易的中心，还是几内亚的伊斯兰文化中心。近年来，中国在康康地区的合作主要集中在基础设施建设和矿业开发方面。中国企业参与了当地的道路、桥梁等基础设施项目的建设，提升了康康的交通网络。此外，中国还在康康地区投资矿业开发项目，促进了当地经济的发展。

金迪亚（Kindia）位于科纳克里以东约 100 千米的岗岗山山脚下，是下几内亚仅次于科纳克里的第二大城市，素有"果蔬之乡"的美誉。市区内的欧式天主教堂独具特色。金迪亚在 20 世纪初因法国殖民者修建的科纳克里至康康铁路而发展成为商业城市。今天，金迪亚是几内亚沿海和内地贸易的集散中心，同时也是公路交通枢纽和重要农业区。中国与金迪亚的合作主要体现在农业和基础设施方面。中国企业在金迪亚地区建立了农业示范园，推广现代农业技术，提高当地农作物产量和质量。同时，中国还参与了金迪亚的公路建设和改造项目，改善了当地的交通条件。

拉贝（Labé）位于富塔贾隆高原中央，海拔1050米，是几内亚较古老的城市。中世纪马里帝国时期，拉贝是北非贸易的重要商业城市。如今，拉贝是几内亚的北方门户，与塞内加尔的边境贸易非常活跃。中国在拉贝的合作项目主要集中在医疗和教育领域。中国政府援建了拉贝的一些医疗设施，提供了先进的医疗设备和技术支持。此外，中国还向拉贝的一些学校捐赠教学设备，改善了当地的教育环境。

恩泽雷科雷（N'zérékoré）位于森林几内亚南部，是森林几内亚行政大区的首府。市区的人工湖是该城市的一大特色。恩泽雷科雷是几内亚、科特迪瓦、利比里亚三国边境贸易中心，森林几内亚地区农林产品的集散地，主要工业包括锯木业和棕榈油榨油业等。中国与恩泽雷科雷的合作主要体现在农林业和基础设施建设方面。中国企业在恩泽雷科雷地区参与了农林产品加工项目，促进了当地经济发展。同时，中国还援助了恩泽雷科雷的一些基础设施项目，包括公路和桥梁建设。

马木（Mamou）位于富塔贾隆高原最南端，是20世纪初因科纳克里—康康铁路建成而发展起来的商业城市，现在是几内亚的重要农业区。中国与马木的合作主要集中在农业和基础设施领域。中国企业在马木地区推广现代农业技术，提高了当地农产品的产量和质量。此外，中国还参与了马木的公路和铁路项目，改善了当地的交通条件。

法拉纳（Farana）位于几内亚南部，靠近塞拉利昂边境。尼日尔河的源头位于法拉纳以南约100千米处。作为尼日尔河流经的第一个城市，这里是一个富饶的农业区，主要农作物是水稻。法拉纳起源于一个叫做巴郎杜（Balandougou）的村庄，因一位名叫法拉（Fara）的农民而得名。法拉纳还是几内亚开国元首塞古·杜尔的故乡。中国在法拉纳的合作项目主要集中在农业和教育领域。中国企业在法拉纳地区建立了农业示范园，推广现代农业技术，提高了当地水稻等农作物的产量。同时，中国还援助了法拉纳的一些学校，改善了当地的教育环境。

达博拉（Dabola）位于几内亚中部的上几内亚区东部边缘，自然区域上属于上几内亚区。该城市在20世纪初因科纳克里—康康铁路建成而发展起来。自20世纪90年代起，达博拉成为几内亚重要的铝矾土矿产区，伊朗人在此开采铝矾土。中国与达博拉的合作主要体现在矿业和基础设施建设方面。中国企业在达博拉地区参与了铝矾土的开采和加工项目，推动了当地矿业的发展。同时，中国还援助了达博拉的一些公路建设项目，提升了当地的交通条件。

西基里（Siguiri）自5世纪起就是著名的金矿区。19世纪末法国殖民军入侵时发展成为城市。1888—1889年法国在此建立了军事据点，现在还保存着法国入侵时建立的城堡。中国在西基里的合作主要集中在矿业和基础设施方面。中国企业在西基里地区参与了金矿的开发和加工项目，促进了当地经济的发展。此外，中国还援助了西基里的一些基础设施项目，包括公路和桥梁建设。

库鲁萨（Kouroussa）位于上几内亚区和尼日尔河畔。17世纪发展成城市，1997年建成了全长180米的库鲁萨大桥，跨越尼日尔河。中国与库鲁萨的合作主要体现在农业和基础设施建设方面。中国企业在库鲁萨地区推广现代农业技术，提升了当地农作物的产量和质量。同时，中国还援助了库鲁萨的一些基础设施项目，改善了当地的交通条件。

丁基雷耶（Dinguiraye）由图库勒尔帝国创始人奥马尔于1850年建立，1896年被法国人占领。今天仍保存有19世纪中期奥马尔建立的清真寺。中国在丁基雷耶的合作主要集中在农业和基础设施方面。中国企业在丁基雷耶地区推广现代农业技术，提高了当地农作物的产量和质量。此外，中国还参与了丁基雷耶的一些公路建设项目，提升了当地的交通条件。

凯鲁阿内（Kerouane）位于森林几内亚地区北端中央，是几内亚的钻石产区。1856年前后，几内亚民族英雄萨摩里·杜尔的母亲为躲避家族纠纷，带着萨摩里定居于此，萨摩里在此开始建立萨摩里帝国。现在该市还保留有当年萨摩里建设的城墙和炮楼。中国与凯鲁阿内的合作主要体现在矿业和基础设施建设方面。中国企业在凯鲁阿内地区参与了钻石矿的开发和加工项目，推动了当地矿业的发展。同时，中国还援助了凯鲁阿内的一些公路建设项目，提升了当地的交通条件。

博凯（Boké）位于几内亚西北部，靠近大西洋边。18—19世纪因沿海贸易，特别是奴隶贸易而发展。20世纪60年代，几内亚铝矾土公司（CBG）建立后，博凯发展成为矿业城市。中国在博凯的合作主要集中在矿业和基础设施方面。中国企业在博凯地区参与了铝矾土的开采和加工项目，促进了当地经济的发展。此外，中国还援助了博凯的一些基础设施项目，包括公路和港口建设。

廷博（Timbo）位于马木东北约50千米处，是18—19世纪富塔国的政治与宗教中心。20世纪初，科纳克里—康康铁路建成后，马木逐渐取代了廷博的地位。1908年法国殖民当局将富塔贾隆南部的政治中心迁至马木，廷博从此失去了经济和政治地位，逐步衰落为普通村庄，但仍作为伊斯兰教历史名城闻名几内亚，至今保存着18世纪的清真寺。中国与廷博的合作主要体现在农业和基础设施建设方面。中国企业在廷博地区推广现代农业技术，提升了当地农作物的产量和质量。同时，中国还援助了廷博的一些公路建设项目，改善了当地的交通条件。

第三章 经济

第五节 交通运输与邮电通信

一 交通运输

(一) 公路

几内亚独立前，全国公路不到 8000 千米，交通运输在独立后得到了较大发展。几内亚公共工程部发布的数据显示，截至 2021 年，几内亚国内公路总里程为 43301 千米。其中国道总里程为 7576 千米（沥青路面里程 2779 千米，石土路面里程 4797 千米），省道总里程 15879 千米，县道总里程 19846 千米。但无论是沥青路面还是石土路面，道路路面情况都有待改善与维护。

近几年，几内亚首都的汽车数量下降较多。首都科纳克里 2012—2017 年历年汽油车总量均不低于 15 万台，柴油车总量不低于 11 万台；2019—2020 年，汽油车总量只有约 5 万台，柴油车总量约 3 万台。

截至 2021 年，几内亚境内有混凝土桥梁 1946 座，金属桥梁 39 座，临时桥梁 31 座，木质桥梁 12 座，金属天桥 6 座，混凝土天桥 10 座。

几内亚近年来计划启动的重点公路交通项目主要可分为两类，一类是国内升级改造、铺设沥青公路项目，如连接博凯—高瓦尔的 23 号国道；另一类连接是国内与国外，与邻国互联互通公路项目，其中最为重点的是规划建设的西非国家经济共同体西部沿海公路项目，该高速公路在几内亚境内经过博凯省（Boké）、博法省（Boffa）、杜布雷卡省、高亚省（Goyah）和弗雷卡里亚省（Forecariah），全长约 400 千米，路段起点为博凯省内的达比斯（Dabis），终点为塞拉利昂与几内亚边境的佛里卡利亚省的巴姆拉普（Pamelap）。目前已建成公路总长度 382 千米，计划建设的路段为达比斯—博凯，总长度 82 千米，需要翻新重铺的路段为高亚—佛利卡尼亚 76 千米路段。

(二) 铁路

几内亚目前运营的铁路有 3 条,总长约 400 千米,全部是铝矾土专用铁路：一条从德贝勒到科纳克里港,全长约 130 千米,为金迪亚铝矾土公司专用；另一条从博凯康姆萨港,全长约 135 千米,为几内亚铝矾土公司的专用线；还有一条从弗里亚到科纳克里港,全长约 145 千米,为弗里亚氧化铝公司专用线路。原法国于 1900—1914 年修建的科纳克里—康康 (662 千米) 民用铁路早已废弃,政府计划重建。2019 年,几内亚政府与中国铁建达成协议,将由中国铁建修建从几内亚首都科纳克里至高亚省的铁路,全长 63 千米,将用于货运和客运,为科纳克里—康康市铁路线的第一段。

2018 年,几内亚政府开通科纳克里市内铁路快线 (Conakry-Express),以缓解市内交通堵塞问题。该快线借用俄铝的运矿铁轨线,连接科纳克里市区和郊区,每天往返运行 2—3 次。

目前几内亚铁路还未与周边国家实现互联互通,但在几内亚总统孔戴 2019 年出席康康大学改扩建项目的奠基仪式的讲话中,提到几内亚政府计划新建 3 条铁路,其中两条线路康康—巴马科 (马里首都) 和康康—博博迪乌拉索 (布基纳法索第二大城市) 将会沟通几内亚与其西非邻国,促进国家间的贸易与人员往来。

2021 年 6 月,赢联盟投资的达圣铁路正式完工。该铁路位于几内亚西北部博凯区和金迪亚区境内,正线全长约 125 千米,设车站 5 座,设计时速 80 千米,是几内亚近半个世纪以来首条现代化铁路。达圣铁路连接了赢联盟圣图胡达矿区及达比隆港,它的开通运营实现了几内亚的"港路联通",打通经济发展大动脉,对于强化其在全球铝土矿市场中的优势地位具有战略意义。

(三) 空运

几内亚全国共有 16 个机场,其中 11 个为民用机场,5 个为矿业企业自有机场。科纳克里格贝西亚国际机场是几内亚最大的机场,也是唯一的国际机场。内地城市拉贝、康康、恩泽勒科勒、博凯、法拉纳登等10个机场可民用。

2020年，几内亚航空运输市场由17家航空公司提供服务，包括4家欧洲航空公司、8家非洲航空公司、1家中东航空公司和4家本地航空公司。葡萄牙航空于2019年7月正式开通里斯本（葡萄牙首都）至科纳克里（几内亚首都）的航线。葡航开通后，几内亚将有共5家航空公司开通直飞欧洲的航班，其余4家为法国蓝色海岸航空公司、法国航空公司、比利时布鲁塞尔航空公司和土耳其航空公司。从中国到几内亚可乘法国航空公司、比利时航空公司、阿联酋航空公司、埃塞航空公司的航班。

2020年，几内亚国际机场出发旅客11.32万人次，到达旅客10.69万人次，中转旅客2.78万人次，货运5068吨，以进口为主，邮件运输23吨。航班抵离8256架次。科纳克里机场属科纳克里机场管理公司经营，该公司是一家股份公司，几内亚政府占股51%，法国巴黎机场和波尔多工商会占股49%。

（四）水运

几内亚河床比降较大，内河航运受到一定限制。除了上几内亚区的尼日尔河支流米罗河之外，其他内河基本上都不能通航。且米罗河并不是全年都可以通航，自库鲁萨以下至马里首都巴马科航段每年6月中旬至12月中旬可以通航，自康康以下则是每年雨季可以通航。

几内亚的海上航运在水路运输中占主要地位。海运港口主要有科纳克里自治港和卡姆萨铝矾土专用港两个深水港。

科纳克里港码头位于首都科纳克里西南部，是西非次区域最大的海港。总面积75万平方米，港口陆地面积20万平方米。主航道长8000米，宽150米，平均深度9.5米。该码头最早建于1890年，于1983年、1993年和2012年经历了三次扩建和设备更新，现在是一个比较现代化的港口。有集装箱码头、油品码头、氧化铝码头

（弗里亚氧化铝公司专用）、矿产码头（主要由金迪亚铝矾土公司使用）、商用码头、渔业码头等。集装箱码头长270米，面积8万平方米，水深10米，可停靠2.5万吨级集装箱船，年集装箱装卸能力5万只。油品码头长190米，水深10米，可停靠2.5万吨级油轮，清淤后可停靠4.5万吨级油轮。2011年，法国博罗莱集团（BOLLORE）与几内亚政府签署《特许经营权协议》，获得科纳克里自治港集装箱码头25年的特许经营权。到2036年之前，负责港口集装箱码头的运营。目前共投资5.3亿欧元扩建港口，科纳克里港口的集装箱吞吐量大增。2020年土耳其Albayrak集团计划在几内亚科纳克里港口投资新建2座码头，航道深14米，以便让大型散装船能够直接靠港停泊装卸。该公司目前负责科纳克里港散货码头的运营。另外，铝土矿和氧化铝码头由俄铝运营，渔业码头由几内亚贸易公司（COTRAG）负责运营。

卡姆萨港为铝矾土专用港，位于几内亚西北部，港深10米。以运输博凯矿区的矿石为主。目前主要由CBG管理和使用。年吞吐铝矾土能力约1200万吨。

2018年，科纳克里港口实现装船货物数量391.7万吨，卸船货物数量642.2万吨，转运船舶货物数量29万吨。科纳克里港的海运和陆运与几内亚比绍、马里、布基纳法索、塞拉利昂、科特迪瓦、利比里亚等周边国家实现互联互通。

二 邮电通信

（一）互联网与电信

几内亚电信业近年来发展迅速，电话普及率不断上升。截至2021年年底，几内亚移动电话普及率达116%（存在一人多卡的情况），移动电话用户达到1512.2万人，全年总通信时长达146.49亿分钟，运营商年度投资达8756亿几郎。2021年，几内亚三家电信运营商营业收入合计为67000亿几郎（约折合7.8亿美元），同比增长22.8%。

其中，法国电信运营商 Orange 系几内亚境内最大的电信运营商，南非电信运营商 MTN 市场占有率位列第二，以色列电信运营商 Cellcom 市场占有率位列第三。

目前，几内亚的互联网和电信行业主要由几家主要运营商控制，包括：

Guinée Telecom：为 2023 年初成立的几内亚的国家电信运营商，Guinée Telecom 提供固定电话、移动通信和互联网服务。

Orange Guinea：Orange 是法国国际电信公司，在几内亚运营移动电话服务，提供移动通信和互联网服务。

MTN Guinea：MTN 是南非跨国电信公司，其在几内亚的分支机构提供移动电话和互联网服务。

Cellcom Guinea：Cellcom 是以色列跨国电信公司，也在几内亚提供移动电话和互联网服务。

这些运营商提供的服务覆盖了几内亚的主要城市和一些农村地区，尽管基础设施建设仍面临挑战，但互联网和电信服务的普及率逐步提高。截至 2021 年年底，几内亚互联网订户为万，普及率为 39%，比 2018 年增长 22%。2019 年初，法国电信运营商 Orange 向几内亚通信部支付了 9000 万美元，获得了 4G 许可证，同年下半年将 4G 信号覆盖科纳克里全市。自此，几内亚开始进入 4G 时代。

(二) 邮局

几内亚邮电局为自主经营的国企，全国邮局和邮电所总数 205 个，主要通过法国邮政，与世界各地通邮。邮递方式包括普通信件、挂号信件和国际特快。普通信件寄往中国的时间约一个月。另外，敦豪航空货运公司（DHL）和 TNT 快递等也在几内亚开办特快专递业务，与国内往来的特快专递一般一周左右可以送达。

目前，部分华人公司也在几内亚开展了快递业务，经营中国—几内亚的快递运输。

第六节 财政与外国投资

一 财政体制

几内亚的财政体制和行政体制相一致,分为中央财政和地方财政。国家财政管理中央财政占据主导地位。中央财政主要负责各级行政人员的工资和各种行政开支,国家的基础设施建设以及国防、外交、教育等经费。地方财政主要由两部分组成,中央财政的拨款资助以及地方税收。地方财政负责地方行政开支和地方社会开支。地方的基础设施建设一般仍由中央财政出资,或是由外国和国际组织援建。

财政赤字情况常年困扰着几内亚,且近些年财政赤字情况较从前有所加重。2015—2021年几内亚均为财政赤字,如果按照收入加国际赠与的总和与支出相比较,也只有2016年实现了财政盈余。

二 金融体制、货币

(一) 金融机构

截至2021年,几内亚的金融机构有1家中央银行、16家商业银行、4家互助贷款和金融合作社、12家接受存款的小额供资机构、3家不接受存款的小额供资机构和14家保险公司。

中央银行(BCRG)成立于1960年2月29日,也称几内亚共和国银行,是几内亚金融体系的核心机构,集货币发行行、商业银行和发展银行三种职能于一身。1961年改称几内亚共和国中央银行。1980年1月,几政府将货币发行职能从央行剥离,直接划归总统府,直至1984年第二共和国成立后才恢复。

几内亚法律规定,央行直接隶属总统,享有法人地位,拥有财政和管理自主权。主要职能是负责几货币发行、流通和保值，具体包括：发行和管理货币，控制货币流动性；监管银行和金融机构；执行国家金融政策，控制通货膨胀；管理外汇市场，实现汇率自由化，管理国家外汇和黄金储备等。

央行董事会由9名成员组成，包括1名行长、2名副行长和6名董事。央行总部设在科纳克里，目前共有6家分行，分别设在康康、金迪亚、拉贝、恩泽雷科雷、博凯和马木。最新设立的马木分行于2021年3月1日即庆祝几内亚货币诞生61周年之际开设。

16家商业银行其中外资银行占多数，性质都是综合银行，业务大多集中在首都科纳克里。2017—2018年在16家商业银行中，有3家大银行在员工数量、分行数量、资产负债表规模、存款总额和贷款总额方面分别占据了市场份额的50%以上。

(二) 货币

几内亚现在的官方货币为几内亚法郎。几内亚原为法国殖民地，使用货币为殖民地法郎。1960年3月1日，几内亚共和国成立中央银行，发行自己的货币几内亚法郎（外文缩写为GF），并同时宣布退出法郎区。1972年几内亚法郎曾改名为西里（Syli，当地语是大象的意思）。1986年，在孔戴总统执政后的两年，几内亚实行货币改革，将几内亚西里改称为几内亚法郎，且为了有别于独立初期的几内亚法郎，特定为"几内亚新法郎"（缩写为GNF），中文仍然简称为几内亚法郎。

自1960年3月1日发行以来，几内亚法郎已有60多年历史。几内亚法郎发行63周年之际，几内亚共和国中央银行（以下简称BCRG）行长讲话称几内亚法郎见证了国家主权独立，它既是几内亚货币，又是使几内亚人民团结起来的共同遗产。BCRG行长介绍说，几内亚货币在2022年是次区域最强势的货币之一，2021年9月以来几内亚法郎持续升值，这加强了经济主体对货币的信心，成为经济和社会腾飞的保证。

自2020年11月以来，BCRG一直在执行既定和透明的干预规则指导下的汇率政策。近年来，几内亚法郎对美元的汇率总体仍呈下跌趋势，但汇率变化相对稳定，跌幅保持在较小范围之内。自2016年以来每年几内亚法郎对美元的比价跌幅都低于5%。根据国际货币基金组织的数据，2019—2020年，BCRG官方汇率和平行市场汇率之间的差异接近2%，已经大大减少（见表3-2）。

表3-2　　2015—2021年几内亚法郎对美元汇率变化　　（单位：几内亚法郎）

年份	2015	2016	2017	2018	2019	2020	2021
1美元平均汇率	8004.0	9180.0	9005.0	9059.0	9201.0	9565.1	9763.0

资料来源：几内亚统计部。

三　国际收支及外汇储备

几内亚的国际收支长期出现赤字，据中央银行统计，几内亚2022年外汇储备达21.18亿美元。几内亚外汇储备呈逐年上升趋势，近些年外汇储备在几内亚中央银行储蓄总额占比约为20%（见表3-3）。

表3-3　　　2015—2021年几内亚外汇储备变化　　（单位：百万美元）

年份	2015	2016	2017	2018	2019	2020	2021
中央银行	1290.4	2817.9	3237.0	5144.39	7787.23	8757.55	9500.47
外汇储备	461.4	614.7	657.7	910.7	1442.0	1503.3	1909.5

资料来源：几内亚共和国中央银行。

四　外国援助

据经济合作与发展组织统计，2010年和2011年，几内亚分别获得外援 2.18 亿美元和 2.08 亿美元，其中欧盟提供 6300 万美元，国际开发协会（IDA）5600 万美元，法国 8400 万美元，含法国开发署 3200 万美元，美国 2000 万美元，德国 1400 万美元，全球基金 1100 万美元，伊斯兰开发银行 1000 万美元，联合国儿童基金会 800 万美元，日本 600 万美元。2012 年 9 月 26 日，几内亚达到重债穷国完成点，国际货币基金组织与巴黎俱乐部分别免除几政府 21 亿美元、3.56 亿美元债务。

2014 年 12 月，时任世界银行行长的金墉访问几内亚，表示将继续助几内亚抗击埃博拉疫情并支持疫后经济恢复。2015 年 4 月，国际货币基金组织宣布，以向几内亚提供 2980 万美元赠款的形式免除其等额债务。世界银行宣布在未来 12—18 个月内，向几内亚、利比里亚、塞拉利昂三国提供 6.5 亿美元资金支持，世行援非抗疫总金额达到 16.2 亿美元。此外，世行还免除三国 21.7 亿美元债务，其中几内亚 10.985 亿美元。2015 年 5 月，西非经济共同体宣布免除几 2000 万美元债务，支持其疫后经济重建。2015 年 10 月，法国在"抗击埃博拉经验"会议上宣布，法国将在未来三年为疫后重建提供 1.74 亿欧元援助，用于卫生体系、教育和人力资源培训、供水供电设施等领域。法国开发署年内向几内亚提供 1100 万欧元援助，用于 2015—2017 年几内亚教育事业发展。

2017 年 11 月，几内亚在法国召开"2016—2020 年国家经济和社会发展计划"筹资会，共获约 200 亿美元资金承诺，其中世界银行约 16 亿美元，伊斯兰开发银行约 14 亿美元、非洲开发银行约 7.25 亿美元。

2018 年 9 月，世界银行宣布本年度向几内亚提供 6000 万美元预算支持，帮助几内亚提高行政管理能力，改善投资环境；2018—2023 年将向几提供 15 亿美元，优先推动农业、工业、基础服务、青年就业、技术、金融等领域发展。

五 外贸

几内亚外贸出口主要是矿产,有铝矾土、氧化铝、黄金、钻石等。从 2018 年开始,在外贸出口总额中矿产所占比例较从前有所下降,但仍达到了 50% 以上。2020 年几内亚外贸出口总额为 837184 亿几内亚法郎,较上一年(362765 亿)增长了 1.31 倍(即增加了 131%)(见表 3-4),这一增长主要得益于矿产品和珍珠、贵金属出口的增长,分别较上年增长了 126% 和 176%。几内亚外贸的主要出口对象是亚洲和大洋洲国家,然后是欧盟和西非国家。但是 2020 年对欧洲国家的出口大幅下降,较上一年下降了 86.7%。

表 3-4　　几内亚 2015—2020 年进出口总额　　(单位:十亿几内亚法郎)

年份	2015	2016	2017	2018	2019	2020
出口总额	13277.9	20724.0	41678.5	35867.0	36276.5	83718.4
进口总额	18221.4	39231.9	31608.2	30524.4	35766.0	35653.0

资料来源:几内亚共和国中央银行。

几内亚外贸进口中,主要进口商品为矿产品,机械电气设备和运输设备。2020 年几内亚进口总额达 356530 亿几内亚法郎,较上一年变化不大(见表 3-4)。几内亚外贸的最大进口对象是欧盟国家,2018—2020 年几内亚仅从欧盟国家进口的商品量就占了进口总额的 44% 左右。

几内亚 2017—2020 年间均实现货物贸易顺差,2020 年贸易顺差达到 480654 亿几内亚法郎,较上一年实现较大增幅(2019 年贸易顺差 5105 亿),这一情况主要得益于向亚洲和大洋洲国家的出口。

根据 2023 年第二季度《伦敦经济季评》,近年几内亚对外贸易情况为:2020 年出口额为 89.31 亿美元,进口额为 37.27 亿美元;

2021年出口额为102.39亿美元，进口额为41.87亿美元；2022年出口额为76.5亿美元，进口额为46.78亿美元。主要出口产品为铝矾土、黄金、钻石等。主要进口商品为生产资料、石油制品、半成品、食品、烟草等。2022年，印度、中国、瑞士、阿联酋为其主要出口国家，分别占比32.2%、11.4%、5.2%、4.4%。中国、印度、荷兰、比利时为其主要进口国家，分别占比17.4%、11.5%、10.9%、8.5%。

六 外债

几内亚是国际货币基金组织和世界银行公布的世界重债国家之一。近年来随着在水、电、公路、通信等基础设施方面的投资不断扩大，几内亚外债数量不断增加，负担日益沉重。在公共债务中外债占比通常超过50%。几内亚外债主要来自巴黎俱乐部国家、国际货币基金组织、世界银行、非洲开发银行等。

表3-5　　　　　　　2015—2021年外债统计　　　　（单位：百万美元）

年份	2015	2016	2017	2018	2019	2020	2021
外债总额	1739.3	1822.6	1972.3	2279.1	2620.8	3807.4	3935.0
1. 来源							
双边债务	979.4	986.0	1083.0	1102.0	1180.0	1808.0	1776.0
多边债务	700.3	777.7	827.3	1116.1	1336.8	1737.4	1842.0
商业债权人	59.6	58.9	62.0	61.0	104.0	262.0	317.0
2. 期限							
长期债务	1739.3	1822.5	1972.3	2279.1	2620.8	3807.4	3935.0

资料来源：几内亚统计部2021年统计年鉴。

几内亚

表 3-6　　　　　2014—2019 年外债及其偿还情况　　　（单位：百万美元）

年份	2014	2015	2016	2017	2018	2019
外债总额	1344.1	1739.3	1822.5	1976.2	2277.4	2625.2
外债占 GDP 比重（%）	19.6%	19.8%	21.0%	19.2%	18.8%	21.7%
偿还外债总额	86.8	66.3	76.4	65.9	111.5	89.6
偿还外债占当年出口比重（%）	4.4%	3.6%	3.1%	1.6%	2.7%	2.2%

资料来源：几内亚共和国中央银行。

表 3-7　　　　　2017—2021 年公共债务变化　　　（单位：百万美元）

年份	2017	2018	2019	2020	2021
内债	2245	2263	2397	2535	3025
外债	2014	2279	2622	3800	3935

资料来源：几内亚经济和财政部。

? 思考题

① 几内亚经济有哪些支柱产业？

② 几内亚在哪些经济领域与中国有较为紧密的合作？

③ 举例说明几内亚重要城市及其特色。

第四章

教育及文化

第一节　教育

9—11世纪，从塞内加尔上游到尼日尔上游建立了曼丁哥帝国（Empire mandingue），对这个传统社会来说，当时的学习内容主要以日常生活为主，即生存方法、当地贸易、传统节日等，其形式由长者口头传播。

从15世纪开始，发生了两个影响未来几内亚的学习和教育的历史现象，一是在海上，与葡萄牙商人和传教士的接触；二是陆地上，伊斯兰教的逐步殖民化。在这一大约持续了三百年的时期，由撒哈拉商队从海湾地区和地中海沿岸传入的阿拉伯语逐渐成为一种教育语言，《古兰经》成为研究的核心课题，几内亚的第一批伊斯兰教学校就是在这个时候出现的。

19世纪末，随着法国对几内亚的殖民进程，教育系统的雏形逐渐出现。当时，近95%的几内亚人未接受教育，因此不懂法语。然而，几内亚精英阶层广泛使用法语，并将其子女送入法语学校学习。

到殖民时期结束时，几内亚城市中已经建立起了全国性的学校网络，包括私立天主教学校、公立学校等。然而，只有12%的"本地人"，即传统的农村或森林人口，有机会进入法国人建立的学校进行学习。

几内亚自 1984 年 5 月起实行教育改革,规定法语为教学语言,允许私人开办学校。

一 各级各类教育

几内亚教育体制由基础教育(小学和中学)、职业技术教育、高等教育三部分组成。每一阶段的教育对应不同的证书、文凭和学历(见表 4-1)。

表 4-1　国家资格框架对应的教育层次及证书、文凭和学历

教育层次	证书
6 年级	CEE
10 年级	BEPC
13 年级	BAC
高职	BTS/ ATS
本科	学士学位
研究生	硕士学位
博士	博士学位

资料来源:作者自制。

(一)基础教育

几内亚的基础教育由两个阶段构成:初等教育(小学)6 年,中等教育(中学)7 年,其中初中 4 年,高中 3 年。在 20 世纪 90 年代"支持教育发展计划"(Programme d'Appui au Secteur de Education)实行后,按照法国国民教育的学制健全完善了小学教育的学制。在义务教育一年级之前,能够参加学前教育的儿童屈指可数,且局限于城市儿童。

1. 初等教育

初等教育包括 6 年的学习，细分为 3 个子周期，每个周期 2 年：预备课程（Cours Préparatoire，即 CP1 和 CP2）、初级课程（Cours Élémentaire，即 CE1 和 CE2）以及中级课程（Cours Moyen，即 CM1 和 CM2）。

几内亚小学教育机构主要包括公立小学与私立小学。课程内容主要涵盖法语、方言、历史、地理、科学、算术、阿拉伯语、体育和公民教育。在 6 年义务教育结束之后，学生能够获得小学结业证书（Certificat d'Etudes Primaires Elémentaires，以下简称 CEPE）。

几内亚虽然实行义务教育制，7—13 岁的儿童接受免费的义务教育。不幸的是，正如许多第三世界国家的情况一样，这一构想未能完全实现，许多农村儿童甚至从未接受过教育。

2. 中等教育

在完成升学考试并缴纳注册费和其他费用后，学生可获得接受中等教育的资格，中等教育的学习时间共为 7 年，其中初中 4 年，高中 3 年。

中等教育分为两部分。第一个阶段，即 7—10 年级，相当于初中阶段。学生需要学习法语、历史、地理、科学、数学、化学、生物、公民教育、体育、英语或阿拉伯语等课程。完成第一部分的学习后可以获得中等教育初期阶段毕业证书（Brevet d'Etudes du Premier Cycle，以下简称 BEPC），而未能通过的学生将进入劳动力市场或者进入职业技术学校。

第二个阶段，即 11—13 年级，相当于高中阶段。此阶段中，课程具有多元化的特点。它不仅保留了 BEPC 周期（法语、地理、历史、科学、数学和经济学原理）共有的核心科目，还纳入社会研究、政治学和哲学。此外，还包含了技术和职业科目。高中毕业生可通过高中毕业会考（Baccalauréat，以下简称 BAC）取得毕业证书，获得升入高等教育机构的许可。

（二）职业技术教育

几内亚职业技术教育学制 3 年，招收初中毕业生。有两所综合技术学院，专门培养技术人员、管理人员和中学教师；另有职业教育机构（如职业学校），包括艺术、贸易、文秘等专业。对于技术类职业学校的学生来说，通过考试后，毕业时可以获得 BTS 证书（Brevet de Technicien Supérieur）；对于卫校的学生来说，在通过毕业考试后可以获得 ATS 证书（Agent Technique de Santé）。

（三）高等教育

通过 BAC 后，学生需要择校并提交申请，通过一系列程序后才有资格进入大学。几内亚的高等教育沿袭了法国的模式，这一定程度上反映了该国的殖民历史。高等教育分为 3 个层次：学士、硕士、博士。几内亚有 40 所公立和私立高等教育机构，由高等教育、科研和创新部（Minisère de l'Enseignement Supérieur et de la Recherche Scientifique）监管。

学士学位：学制 3 年，毕业后可获得学士学位。

硕士学位：学制 1 至 2 年，毕业后可获得硕士学位。

博士学位：学制 3 至 4 年，毕业后可获得博士学位。

代表院校：科纳克里大学（Université Gamal Abdel Nasser de Conakry）、康康大学（Université Julius Nyéréré de Kankan）等。

二 教育行政管理体系

几内亚教育可分为三个部分：第一，大学预科及扫盲教育。第二，技术教育和职业培训。第三，高等教育和科学研究。基于此，几内亚教育行政管理部门由基础教育和扫盲部，技术教育、职业培训和就业部以及高等教育、科研和创新部三个部门组成。

（一）基础教育和扫盲部（Ministry of Pre-University Education and Literacy/ Ministère de l'Enseignement Pré-Universitaire et de l'Alphabetisation）

基础教育和扫盲部负责设计、制定和执行关于大学预科教育和扫盲的政府政策,并确保后续行动。该部的职能包括:专门负责起草关于学前教育、基础教育、普通和中等技术教育、公民和道德教育、扫盲、非正规教育、推广民族语言;为每个几内亚儿童提供优质教育;收集、处理和传播学校数据;制定和实施发展大学预科教育和扫盲的战略、方案和项目;制定在紧急情况下确保和维持教学过程的战略;制定和实施学校食堂的策略和发展计划;制定和实施教学评估策略;为教学和监督人员制定和实施继续教育计划和项目;促进和发展教育研究;促进和发展学校与社区的伙伴关系;促进教育方面的信息和通信技术的使用;确保教学和教育系统在属于教育部职权范围内的所有层面的一致性;加强教育管理和学校指导体系;确保教学计划的评估、更新和认证;在学校推广体育运动教育以及卫生和健康教育;对私立教育的资格进行认证;在其管辖的教育机构组织考试;鼓励和加强各级学校教育的性别和平等方案;发展学前基础设施和设备并使之现代化;参加大学预科、中等教育和扫盲领域的公约以及区域和国际条约的谈判;参加处理与该部职权范围有关的问题的次区域和国际会议、大会、专题讨论会和研讨会等。

(二) 技术教育、职业培训和就业部 (Ministry of Technical Education, Vocational Training, Employment and Labor/ Ministère de l'Enseignement Technique, de la Formation Professionnelle et de l'Emploi)

技术教育、职业培训和就业部主要负责设计、制定和实施政府在技术教育和职业培训领域的政策,并进行监督。其主要职能为:起草与技术教育和职业培训有关的监管立法文本,并确保其适用;制定与技术教育和职业培训相关的战略、计划、方案和项目;组织专业调查;确保技术教育和职业培训机构的职业培训的开展;促进信息和通信技术在技术教育和职业培训领域的应用;确定创建和开设私营技术和职业培训机构的准则和标准,并确保其适用性;组织针对公立和私立技术和职业教育机构的考试和竞赛,以及对非正规部门提供的培训进行认证；促进技术教育和职业培训领域机构之间的技术及学术交流；在技术和职业教育的各个阶段以及部门内鼓励和加强性别平等计划；及时统计更新全国范围内的技术教育和职业培训学校情况；参与有关技术教育和职业培训领域的公约和条约谈判；参加相关国际会议等。

（三）高等教育、科研和创新部（Ministry of Higher Education and Scientific Research and Innovation/ Ministère de l'Enseignement Supérieur, de la Recherche Scientifique et de l'Innovation）

高等教育、科研和创新部负责监督和规范几内亚的高等教育和科学研究，负责确定几内亚高等教育系统政策和方针，在塑造几内亚教育体系的未来和确保学生获得优质教育和研究机会方面发挥着至关重要的作用。其主要职能包括设计构建连贯、有效、高效、高质量的高等教育、科研和技术创新体系；起草高等教育、科学研究和创新领域的法律和法规；确定高等教育和科学研究系统的规模和形式，批准高等教育、科学研究和技术创新机构的发展计划；制定促进几内亚高等教育发展的政策和战略，并提供资金和资源来支持这些举措；为高等教育、科研和技术创新机构分配公共财政资源，管理高等教育、科学研究和技术创新研究的所有财政援助计划并增加财政以及资源的透明度和有效性；监测和评估高等教育，科学研究和技术创新机构的表现；拟定高等教育和科研机构的创建、开放、运营和关闭的标准；参与研究项目的设计、实施和监测等。

此外，高等教育、科研和创新部还致力于保障青少年接受教育的连续性，保障各类学生平等接受高等教育。除了在高等教育中发挥作用外，高等教育、科研和创新部在促进几内亚的科学研究和创新方面也发挥着关键作用。该部与研究人员和科学家密切合作，确定对国家发展重要的研究领域，并提供资金和支持，帮助研究人员开展工作。这包括为研究项目提供资金，以及支持开发能够使国家受益的新技术和创新成果。随着几内亚的现代化发展，高等教育、科研和创新部将在塑造国家教育和研究部门方面发挥越来越重要的作用。

三 教育统计数据

2020年几内亚教育经费支出占政府支出的11.98%，占GDP的2.2%，其中，基础教育、中等教育和高等教育的支出分别占总支出的41.6%、21.4%和6.4%。成人识字率为45.33%。

表4-2　**各级学校、学生和教师数（2019）**

	学校数	学生人数	教师人数
初等教育	10279	1989274	42135
中等教育	1896	176182	32827
高等教育	51	62960	5233

资料来源：作者自制。

表4-3　**各级各类入学及毕业率（2020）**

	毛入学率（%）	净入学率（%）	毕业率（%）
初等教育	100.79	78.09	59.35
中等教育	36.81	32.51	21.5
高等教育	6.72	—	—

资料来源：作者自制。

四 代表院校

（一）科纳克里大学（Université Gamal Abdel Nasser de Conakry）

科纳克里大学位于几内亚首都科纳克里，是几内亚历史最悠久的大学，成立于1962年。共设有13个学院和院系，涵盖社会科学、自然科学和生物科学三个学科，包括医学、药学与牙科学院；科学院；

环境研究中心；信息科学中心；理工学院。2015年9月21日，几内亚与巴斯德研究所在科纳克里签订一项协议议定书，决定创建几内亚巴斯德研究所，该所也将成为科纳克里大学的一个独立系。此外，几内亚国家植物标本馆也设在校内。

科纳克里大学历史悠久，拥有许多具有影响力的杰出校友，包括化学、工程、物理领域的教授和政界人士。如：几内亚前总统穆萨·达迪斯·卡马拉（Moussa Dadis Camara）、几内亚政治家塞卢·达莱因·迪亚洛（Cellou Dalein Diallo）等。

根据近六年来H指数（评估研究人员的学术产出数量与水平的指标）统计结果，科纳克里大学在参与统计的21652所世界高校排名中位列10347位，在1278所非洲地区高校中位列356名，在几内亚各高校中位列第一。其优势学科包括：工程学位列世界第1218名；化学位列世界第1086名；物理学位列世界第1914名。

（二）拉贝大学（Université de Labé）

拉贝大学位于皮塔省（Pita）哈菲亚农村公社（Commune Rurale de Haria）。创建于2001年，最初与恩泽雷克雷大学（Université de Nzérékore）同名，后于2016年更名为拉贝大学，并沿用至今。

该校共有三个校区，分别位于哈菲亚农村地区、加拉贝（Garambé）和达拉—拉贝（Dara-Labé），共占地180万平方米。共设有3个学院，下设13个学士学位，3个学院为：科学与技术学院、文学与人文科学学院、行政与管理科学学院。

根据学校官网，2010年初，该校共有在校生约6155人。该校的法定管理机构为学院理事会，由院长副院长、部门负责人、教师代表与学生代表等组成。校内设备齐全，设有行政和财政事务处、教育服务中心、卫生保健服务中心、实验室与图书馆，由文化委员会组织进行阅读与戏剧等活动，并与法国昂热大学（Université d'Angers）在教师交流领域建立合作。

(三）几内亚高等教育科学研究学院（Institut Supérieure des Sciences de l'Education de Guinée-ISSEG）

几内亚高等教育科学研究学院位于首都科纳克里，隶属于高等教育和科学研究部。该校设有社区培训、学前教师及教育系统行政管理相关课程，参与教育政策和教育体系资格改革政策的制定。

根据学校官网，该校共有 2 座露天剧场、1 所图书馆、4 间实验室、17 间教室与若干活动室。该校目前设有 5 个部门，100 名教师，其中 17 名拥有博士学位。

该校是西非教育研究系统（Réseau Ouest Africain pour la Recherche en Éducation）的成员，与多所大学建立伙伴关系，并于 2020 年设立了孔子学院，在外语学院设置了中文系。

（四）几内亚圣雄甘地大学（Université Mahatma Gandhi de Guinée）

位于首都科纳克里兰巴吉区（Lambandji）。几内亚圣雄甘地大学是一所私立高等教育机构，始建于 2007 年，隶属于几内亚高等教育部。

该校共开设 24 门学科，包括行政管理、公共行政、银行与保险、金融学、社会学、政治学、金融学等。此外还设有特色理工学院，在传统工程学科之外开设信息工程学、信息工具在企业管理中的运用、电子通信等新兴专业。

根据学校官网，该校面向世界范围招生，校内设有 22 间教室、7500 处活动室、4 间实验室、6 座露天剧场，并配备对应的教师队伍。近年来该校已建成新校区，包括 22 间教室、6 座露天剧场、4 间实验室与 1 所图书馆，以及相配套的教师队伍，预计容纳 2500 名学生。

几内亚圣雄甘地大学与其他区域的许多著名高等学府保持着合作关系，包括谢赫·安达·迪奥普·达喀尔大学（Université Cheick Anta Diop de Dakar）、突尼斯高等研究所（Institut des Hautes Etudes de Tunis)、卡萨布兰卡理工学院（Institut Polytechnique de Casablanca）等。

（五）科菲·安南大学（Université Kofi Annan de Guinée）

位于几内亚首都科纳克里。该校是西非的知名私立大学，由奥斯曼·卡巴（Ousmane Kaba）于1999年创立，并以联合国前秘书长科菲·安南的名字命名，是几内亚最古老的私立高等教育机构。

该校设有五栋教学楼，每栋3—5层，占地面积接近15000平方米。校内配备有图书馆，拥有超过1.5万册虚拟数字图书，并配备超过40台联网计算机，供学生和工作人员使用。该校提供从学士至博士的培养计划，并设有多个学院，包括：理工学院、职业技术学院、文学与人文科学学院、经济与管理学院、法律与政治学院、预防与医学院。

根据学校官网统计，该校目前有超过10000名学生在读，并已有超过6000名学生在该校取得学位。该校在埃博拉疫情与新冠疫情期间，率先使用线上课程教学。

（六）松福尼亚大学（Université Général Lansana Conté de Sonfonia）

位于几内亚首都科纳克里。是由高等教育和科学研究部在2005年建立的人文社科类公立大学。

该校建有人文学院、经济与管理学院、法律与政治学系、旅游与酒店管理高等学院。该校拥有硕士与博士培养资格，包括16个硕士课程与若干博士课程。有约20000名学生在读。

五 教育相关机构

（一）基础教育和扫盲部下设教育相关机构

（1）国家研究和教育行动研究所（Institut National de Recherche et d'Action Pédagogique），致力于开展教育领域的研究和行动。其主要任务包括进行教育政策研究、教学方法研究、教育课程设计、教育质量评估、师资培训等。该机构的目标是为提高几内亚的教育质量和教学效果，为教育决策者提供科学的建议和方案。

(2) 国家教育资助机构 (Agence Nationale de Financement de l'Education),旨在为教育部门提供融资支持和技术援助,以促进全国范围内的教育发展。该机构的职责包括筹集资金、管理教育资助项目、提供技术援助和监督资助项目的执行情况等。

(二) 技术教育、职业培训和就业部下设教育相关机构

(1) 国家技术教育和公共职业培训局 (Direction Nationale de l'Enseignement Technique et de la Formation Professionnelle Public),负责制订、协调和监督国家的技术教育和公共职业培训计划。该机构的职责包括制定和实施技术教育和职业培训政策、规划和开发职业培训课程、认证和监督职业培训机构以及促进技能培训和职业教育的发展。

(2) 国家技术教育和私人职业培训局 (Direction Nationale de l'Enseignement Technique et de la Formation Professionnelle Privé),负责监管和协调私人职业培训机构的活动,职责包括规划、协调、监督和认证私人职业培训机构,以确保这些机构提供的培训符合国家标准和需求。同时,该机构还负责与私人职业培训机构合作,以提高几内亚的技能水平和就业机会,以确保几内亚的私人职业培训机构提供高质量、实用和现代化的职业培训。

(3) 国家教职工培训和发展局 (Direction Nationale de la Formation et du Perfectionnement des Personnels Enseignants),负责制订、协调和监督国家的教师培训计划,以提高几内亚教师的教学水平和教育质量。该机构的职责包括规划和开发教师培训课程、认证和监督教师培训机构、评估和改进教师培训质量等。

(4) 国家技术教育、职业培训和就业数字局 (Direction Nationale du Numérique dans l'Enseignement Technique, de la Formation Professionnelle de l'Emploi),负责制定、协调和监督国家的数字技术在技术教育、职业培训和就业领域的应用。该机构的职责包括规划和实施数字

技术在技术教育和职业培训中的应用、推广数字技术创新和创业，以及协调和监督数字技术在就业市场中的应用。

（三）高等教育、科研和创新部下设教育相关机构

（1）全国学术文凭、职称和学位委员会（Commission Nationale d'Equivalence des Diplômes, Titres et Grades Académiques），负责审核、认证外国学术文凭、职称和学位与几内亚教育系统相匹配的程度，以便这些文凭、职称和学位在几内亚得到承认。

（2）全国高等教育和科研人员招聘和晋升委员会（Commission Nationale de Recrutement et de Promotion des Personnels de l'Enseignement Supérieur et de la Recherche Scientifique），负责高等教育和科研领域的招聘和晋升事宜。该委员会的任务包括制定高等教育和科研人员的招聘政策、程序和标准，审核和评估申请人的资格、经历和能力，以及根据相关规定进行晋升和任命。

（3）国家教育和研究伦理委员会（Comité National d'Ethique dans l'Enseignement et la Recherche），负责监督和评估教育和研究活动的伦理和道德问题。该委员会的任务包括审查和监督教育和研究项目、计划和活动的伦理和道德方面，保障参与者的权益和安全。

（4）科学研究委员会（Conseil Supérieur de la Recherche Scientifique），负责协调和支持国家范围内的科学研究活动。该委员会的任务包括制定国家科学技术政策、计划和战略，提供资金和设施支持，协调各领域科学家和研究机构之间的合作与交流，并对科研项目进行评估和监督。

（5）联合国教科文组织几内亚秘书处（Secrétariat Permanent de la Commission Nationale Guinéenne pour l'UNESCO），负责协调和推进几内亚与联合国教科文组织之间的合作关系。该机构是联合国教科文组织在几内亚的官方代表，其任务包括：推进联合国教科文组织的项目和

计划在几内亚的实施；提供关于教育、科学、文化和通讯方面的咨询和建议；促进几内亚与联合国教科文组织之间的合作关系；推进可持续发展目标的实现等。

（四）其他机构

（1）教育规划和统计局（Direction Nationale de la Planification et des Statistiques de l'Éducation），负责规划、监测和评估几内亚教育系统绩效，制定和实施教育政策和计划，以促进几内亚公民的教育，提高其受教育水平和技能，从而促进经济和社会发展，同时还编制和发布关于几内亚教育状况的数据和报告，以及提供有关国家发展计划的建议和支持。

（2）几内亚家长和教育者协会（Association des Parents d'Élèves et Éducateurs de Guinée），旨在帮助家长和教育工作者更好地了解教育制度，参与教育决策，为儿童和年轻人提供更好的教育机会。该协会还为家长和教育工作者提供教育培训和支持，并与政府机构、教育组织和社区合作，以实现共同的教育目标。

（3）几内亚教育协会（Association Guinéenne pour la Promotion de l'Éducation），致力于提高几内亚教育的质量和普及率，特别是在农村和贫困地区，为贫困和边缘化的儿童提供平等地接受教育的机会。

（4）私立学校创始人协会（Association des Fondateurs d'Écoles Privées），该协会由私立学校创始人和负责人组成，致力为私立学校提供支持和协助，包括提高私立学校的教学质量、加强师资培训、维护学生权益等。

（5）几内亚国家学生联合会（Union Nationale des Élèves et Étudiants de Guinée，以下简称 UNEEG），几内亚最大的学生组织，成立于1967年，拥有广泛的基础和影响力。UNEEG 的目标是促进几内亚教育事业的发展，维护学生权益和利益，提高学生的文化、科技和专业技能水平。

第二节 文学

一 传统文学

非洲曾是人类古代文明的摇篮。在漫长历史中，非洲各民族部落的文化、历史、风俗、传统通过史官"格里奥"（Griots）① 口头讲诵，世代相传。格里奥不仅是史官，更是民族文学的保存者。他们惊人的记忆力使美妙的神话、传说、故事、谚语得以流传。殖民主义入侵非洲后，为割断当地人的民族历史联结，殖民者一方面千方百计打击迫害格里奥，使他们沦落于街头卖唱、卖艺；另一方面则鄙夷和摧残口头文学，视其为无稽之谈。然而，世袭的格里奥流传下来的语言不容轻视。他们口述历史的精湛艺术不仅使他们成为驾驭语言的大师，同时也为本民族保留下一笔极为丰富的文化遗产。直到19世纪，几内亚口头表达的文学传统仍然盛行。

从1727年开始，富塔贾隆的穆斯林国家在几内亚中部发展起来，一直持续到19世纪末法国入侵。文史学家在该地区发现了大量以阿拉伯语和颇尔语撰写的古代手稿，除具有当地特色外，这些手稿还代表了撒哈拉以南非洲旧伊斯兰教地区的文学作品。学者们从中发现了大量的长篇小说，也有一些比较准确的叙事很早就用阿拉伯语写成，与口头传统有着千丝万缕的联系。除了为政治和宗教事业服务的作品，作者还利用一系列文本向后代传递历史性的信息，学者也从中获得大量的研究信息：包括信件、理论文本、关于与殖民者关系的诗歌，甚至是纯粹的宗教文献。这些珍贵的文史资源仍然很少被开发利用，它们构成了非洲历史及文学研究的新领域。逊艾尔诺—桑巴·蒙

---

① 格里奥是非洲世代相传的诗人、口头文学家、艺术家和琴师的总称。古代格里奥一部分进入宫廷，担任相当于国王、诸侯的史官、顾问、传话人的职务。另外一部分格里奥为行吟艺人，他们带着简单乐器周游四方，传授知识。

贝亚（Thierno Samba de Mombeya）是几内亚阿拉伯语—颇尔语语文学的先驱，于1771年前后生于几内亚的蒙比亚。他是一位神学家，也是塞莱扬克部落（Séleyanké）的伟大作家、诗人。逖艾尔诺—桑巴·蒙贝亚的文学作品被估计有几百部之多，尽管其中的大部分作品在今天尚未被找到。

二 现当代文学及知名作家

随着19世纪法国文化传入几内亚，一批以科学精神审视非洲传统文学的新兴知识分子出现。1958年，几内亚宣布独立，文学也因此进入了新阶段。塞古·杜尔在文化领域实行彻底的反对帝国主义和殖民主义的政策，革除原始宗教和秘密行会，并宣称这些都是反动落后的。1959—1960年几内亚颁布了针对森林几内亚的《废神权计划》，同时鼓励文学领域方面的创作，振兴几内亚文化。

几内亚具有代表性的知名作家有：

（一）福戴巴·凯塔（Fodéba Keïta）

1921年出生于几内亚东部的锡基里，是一位爱国诗人、作家。1950年发表了《非洲诗集》（Poèmes Africains），其中《深夜》《非洲的黎明》等叙事诗都具有非洲舞蹈的节奏。凯塔1965年发行《非洲的曙光》（L'Aube Africaine）。这两部作品都表现了高涨的民族情绪，歌颂非洲的解放。他在1952年出版小说《校长》（Le Maître d'École）。此外，他还在1950年创立非洲芭蕾舞蹈团（Ballets Africains），1956年加入塞古·杜尔阵营，1960年被任命为几内亚安全部长，1970年几内亚遭到葡萄牙雇佣兵入侵，塞古·杜尔进行政治大清洗，福戴巴·凯塔被怀疑并处死，年仅49岁。

（二）卡马拉·拉耶（Camara Laye）

1928年生于几内亚康康区（Kankan）的库鲁萨（Kouroussa），1980年去世。代表作《黑孩子》（Enfant Noir）1953年在法国出版，并于1954年获得查尔斯·维庸奖（Prix Charles Veillon），也是几内亚文学史上里程碑式的作品。在这部自传体小说中，他回忆了快乐童年、父母、所接受的教育、所经历的割礼仪式，讲述了父亲冶炼黄金遇到困难并祈求众神的帮助，在神的引领和教育下，最终炼出真金的故事。小说里占大量篇幅的父亲和黄金神、火神等的对话，成为后人用来教育孩子们的篇章。这本书展现了几内亚人民日常生活、传统习俗的真实面貌。这部作品取得很大的成功，并被洛朗·谢瓦利埃（Laurent Chevallier）改编成同名电影于 1995 年上映。他的另一部作品《国王的目光》（Le Regard du Roi）出版于 1954 年，这是一个寓言式的启蒙故事，主要内容是"白人"主人公在被同胞拒绝后，试图在"黑人"精神大师的帮助下获得非洲的深邃智慧。此外，他还有《非洲之梦》（Dramouss）和《语言大师》（Le Maître de la Parole）等作品。

（三）吉布里尔·塔姆希尔·尼亚奈（Djibril Tamsir Niane）

几内亚文学家和西非洲历史学家，是研究马里帝国的专家。尼亚奈在达喀尔完成了他的高等教育，之后赴法国波尔多深造，而后在科纳克里理工学院（Institut Polytechnique de Conakry）任教。20 世纪 60 年代初，尼亚奈曾来华访问。他的主要文学著作是《松迪亚塔：古代马里史诗》（1960 年），此书是尼亚奈根据马马杜·库亚特（Mamadou Kouyaté）等 185 位普通民间艺人的口述而记录整理出来的长篇史诗，共分十八章。吉布里尔·塔姆希尔·尼亚奈负责编辑《非洲通史》第四卷：《十二世纪至十六世纪的非洲》，这个阶段属于马里帝国、桑海帝国、阿尔摩哈德王朝等伟大帝国的统治时期，在非洲大陆的历史长河中发挥了关键作用。尼亚奈对几内亚的教育和历史研究领域充满热情，为几内亚独立后建设新国家做出了贡献。1962 年，尼亚奈和让·絮莱尔·卡纳尔（Jean Suret-Canale）合作编写并出版了《西非史》（Histoire de l'Afrique Occidentale），此书成为非洲中学使用的第一本非洲历史教材。在联合国教科文组织的支持下，他与约瑟夫·基-泽尔博（Joseph Ki-Zerbo）共同编纂出版了《非洲通史》（Histoire

Générale de l'Afrique）的第四卷。同时，尼亚奈尝试着把记录整理出的史实改编成历史剧在舞台上演出，他曾编写了历史剧《西加索》（*Sikasso*）、《最后的城堡》（*La Dernière Citadelle*）和《沙卡》（*Chaka*）。2021年3月8日，89岁的尼亚奈因病逝世。

（四）阿柳姆·芳杜尔（Aliuom Fantourè）

1938年出生于几内亚首都科纳克里以南100千米的福雷卡里亚（Forecariah）。1972年发表《热带圈》（*Le Cercle des Tropiques*）对独裁统治进行尖锐讽刺。1975年发表《死人河谷竞技场的故事》（*Le Récit du Cirque de la Vallée des Morts*），进一步抨击了独裁统治的观察者，并指出了他们的冷漠促进了独裁统治的建立和持续。在1996年，他发表作品《萨赫勒牧人的面纱》（*Le Voile de l'Homme du Troupeau du Sahel*）和《领地行政长官》（*Le Gouverneur du Territoire*）。

（五）威廉姆·萨西纳（Williams Sassine）

1944年生于几内亚康康区，1997年在首都科纳克里去世。主要作品有1973年发表的《神圣的巴里先生》（*Saint-Monsieur Baly*），1979年发表的《沙漠的年轻人》（*Le Jeune Homme de Sable*），1982年发表的短篇小说集《字母表》（*L'Alphabête*），1993年发表的《分割的非洲》（*L'Afrique en Morceaux*）等。

（六）赛伊杜·博库姆（Saidou Bokoum）

1945年出生于几内亚北部法拉纳区（Faranah）的一个城镇丁吉拉伊（Dinguiraye），代表作有1979年发表的《链条》（*Chaines*），这是一部描写生活在法国的非洲人的困境的小说。

（七）蒂埃诺·莫内南波（Thierno Monenembo）

几内亚裔法国作家，1947年出生在几内亚马木区（Mamou）。主要作品有1979年发表的《荆丛中的蛤蟆》（*Les Crapauds-Brousse*）、1986年发表的《天空的云彩》（*Les Écailles du Ciel*）和1991年发表的《一个有用的梦》（*Un Rêve Utile*）等。2008年以作品《卡埃尔国王》

（*Le roi de Kahel*）荣获勒诺多文学奖（Prix Renaudot）①。2017 年 6 月，莫内南波获得了法兰西学院颁发的法语作者大奖（Grand Prix de la Francophonie de l'Académie Française）。2022 年，莫内南波还评介其在法国瑟伊（Seuil）出版社出版的新作《撒哈拉靛蓝》（*Saharienne Indigo*）荣获了致力于嘉奖非洲文学的猴面包树文学奖（Prix Baobab）。他的小说共有十余部，常涉及非洲知识分子的无力感以及旅法非洲移民的生活境遇。

（八）艾米尔·西塞（Emile Cissé）

几内亚作家，其作品《九月的阿西雅图》（*Assiatou de Septembre*）于 1958 年发布，表现了法属非洲人民争取独立，反对戴高乐新宪法的决心。在读者面前展现了一幅非洲人民民族意识觉醒的瑰丽画面。除此之外，1973 年艾米尔·西塞发表了小说 *Faralako*。艾米尔·西塞的作品一经出版便广受好评，更受到了几内亚第一任总统塞古·杜尔的重视。

（九）西拉·巴尔德（Sirah Baldé）

1929 年出生于几内亚拉贝区（Labé），2018 年在科纳克里去世。代表作品是《从一个富塔贾隆到另一个富塔贾隆》（*D'un Fouta-Djalloo à l'Autre*）。该书是一部以第一人称写成的历史性自传小说。

（十）凯索·巴里（Kesso Barry）

1948 年出生于几内亚拉贝区（Labé），是一位来自几内亚的富塔国公主，也是富塔贾隆最后一位盟主的女儿，是一位作家和模特。她最出名的作品是法语书写的自传《凯索，一位颇耳族公主》（*Kesso, Princesse Peuhle*）。这本自传见证了颇尔贵族的传统教养，也讲述了她逃到巴黎的西方生活。

---

① 勒诺多文学奖创立于 1925 年，是法国五大文学奖项之一，每年与龚古尔文学奖同时颁发。该奖项以法国报业之父勒诺多的名字命名，颁给作品具有全新风格的作家，但是不设奖金。

(十一) 纳丁·巴里 (Nadine Bari)

1940 年出生于法国多尔多涅省 (Dordogne) 的泰拉松—拉维勒迪约 (Terrasson-Lavilledieu)。她以写作关于几内亚的书籍而闻名，她的《沙粒：一个失踪人的妻子的斗争》(*Grain de Sable：les Combats d'Une Femme de Disparu*) 讲述了塞古·杜尔独裁统治期间的虐待行为，其间她的丈夫阿卜杜拉耶·贾布里勒·巴里 (Abdoulaye Djibril Bari) 被绑架并遭受酷刑，被埋在路边。她的著作记录了 20 年来为发现她丈夫命运真相所做的研究。此外，她还写了《几内亚纪事：1990 年纪事》(*Chroniques de Guinée：Essai Sur les Années* 1990) 和《曼古斯特的故事》(*Le Cri de la Mangouste*) 等。

2017 年，几内亚的首都科纳克里被联合国教科文组织指定为"世界图书之都"，成为当时在非洲第二个获此殊荣的城市。科纳克里与几内亚的第二大城市拉贝不仅聚居着大批的作家、记者，还有数量众多的读书俱乐部、图书馆。几内亚为此策划了诸多文艺活动，也为在国际舞台上展示几内亚文学文化创造了条件。

第三节 电影与戏剧

一 电影

在非洲，几内亚电影的起步时间较早，仅次于南非 (1910 年)、突尼斯 (1924 年)、埃及 (1928 年)、马达加斯加 (1937 年) 和刚果 (1950 年)。几内亚的第一部影片穆拉玛尼出现于 1953 年，处于法国殖民时期。由时年 22 岁的马马杜·图雷 (Mamadou Touré) 执导。这部影片在法国取景拍摄，时长 23 分钟，但由于年代久远，很难辨认影片内容。评论家让·德·巴朗塞利 (Jean de Baroncelli) 在 1955 年 3 月 31 日的《世界报》上发表了一篇文章，对该片评价道："穆拉玛尼是第一部由非洲黑人在法国构思、导演和表演的电影。说实话，这与其说是一部电影，不如说是一部笨拙而天真的小剧。但这种天真掺杂着一种慵懒，不无魅力。导演是一位22岁的几内亚青年马马杜·图雷（Mamadou Touré），显然他打算创作一部纯粹的非洲电影作品。让我们为他的雄心壮志表示祝贺，并建议他认真在电影这条路上耕耘（不要被学校的清规戒律所禁锢），祝他好运。" 2021年，几内亚电影人蒂埃诺·苏莱曼·迪亚洛（Thierno Souleymane Diallo）拍摄了一部名为《胶片墓地》（*Au Cimetière de la Pellicule*）的纪录片。他致力于寻找穆拉玛尼这部遗失的电影，让这部纪录片能成为几内亚电影历史的教育工具，呼吁几内亚在电影方面建立一个系统，让新一代能够获得文化遗产并受到启发，制作属于他们自己的电影。该片在2023年柏林国际电影节首映。

几内亚电影得到真正发展是在1958年宣布独立后的那段时间。总统塞古·杜尔倡导将电影作为教育和宣传的手段，根据1967年6月2日的法令，国家电影和摄影局（Régie Nationale de Cinématographie et de Photographie）成立后很快被称为"Syli-Cinéma-Photo"，"Syli"在苏苏语中的意思是"大象"，是几内亚民主党的标志，作为国家电影中心，电影发行和生产被国有化，制作一部电影的一切费用都是由国家资助。国家还支持电影制作人的旅行和在国外逗留。"Syli-Cinéma-Photo"是一个电影综合体，配有实验室、混音室、录音室、礼堂等。几内亚政府实行民族主义政策以促进国家文化发展，旨在通过培训电影业的管理人员和技术人员来发展电影业。许多电影制片人、导演、摄影和音响技术人员前往东欧（保加利亚、波兰、南斯拉夫）、苏联以及法国和美国的学校进行专业的培训。在1976—1984年期间，"Syli-Cinéma-Photo"有多达130名员工，制作了大约100部电影。所有这些都体现了几内亚电影的活力。此时期内几内亚电影领域中的领军人物是穆萨·凯莫科·迪亚基特（Moussa Kémoko Diakité）。他创作了许多纪录片，并在1982年执导了《奈透》（*Naïtou*）。讲述了一个名叫达玛耶（Damayé）的女人出于嫉妒，毒死了她丈夫娶的另一个女人，即奈透的母亲。她命令奈透做家务，拒绝接受奈透的未婚夫，并阻止她参加村里所有年轻女孩都要参加的传统仪式。有一天，她受到了村子里的正义之神的惩罚，付出了应有的代价。奈透也终于可以嫁给未婚夫了。

20世纪70年代，几内亚意识形态控制严格，经常进行知识分子清洗运动。电影制片人科斯塔·迪亚涅（Costa Diagne）、路易斯·阿金（Louis Akin）、穆萨·凯莫科·迪亚基特（Moussa Kémoko Diakité）等人在20世纪70年代因涉嫌外国影响或政变阴谋而被逮捕和监禁。电影审查人员也经常将政治敏感内容从电影中删除。1984年塞古·杜尔去世后，政治形势急剧变化，随后的1984年政变将几内亚民主党赶下台，这使得几内亚电影的分裂状态更加复杂，许多档案馆被洗劫一空，老化的电影卷轴被腐烂、掩埋，甚至烧毁。

1984年4月3日，几内亚国家电影局（Office National de la Cinématographie de la Guinée）取代了"Syli-Cinéma-Photo"，工作人员锐减，影片数量随之下降，电影也不再由国家全权负责。1997年1月28日，一项新的法令明确了几内亚国家电影局的职责，赋予其对"电影部门所有活动"的全权（第4条），此外，还赋予其"确保以持久的媒介固定和保护国家遗产和集体记忆"的责任（第5条）。

自2004年以来，几内亚的电影爱好者有机会进入电影学校和机构进行学习，如莫里·坎特高等艺术学院（Institut Supérieur des Arts Mory Kanté）等。

在2009年11月9日，时任国家元首的穆萨·达迪斯·卡马拉（Moussa Dadis Camara）签署法令，几内亚国家电影局被更名为国家电影、录像和照片局（Office National du Cinéma, de la Vidéo et de la Photo）。

二 戏剧

几内亚的法语戏剧可以追溯到威廉·蓬蒂师范学校（École

Normale Supérieure William Ponty），当时的戏剧被称为殖民戏剧（Théâtre Colonial），并不能表达人民的思想、道德、文学和深刻愿望。1936 年几内亚学生于威廉·蓬蒂师范学校表演的《萨莫里与佩罗船长在比桑杜古会见》表现出了非洲人民对于殖民戏剧的厌恶，有力地回应了殖民者对于非洲人民的压迫和歧视。除此之外，几内亚的戏剧作家尼亚奈的《西卡索》也表达了这一主题。直到 1945 年第二次世界大战结束后，在几内亚这块殖民领土上又出现了新的意识和政治觉醒。文化活动，特别是戏剧活动，通过舞蹈、歌曲和哑剧团体表达了人们的特有态度。这就是几内亚剧作家、演员和歌手领导下的私人剧团的出现。代表人物和剧团有：福戴巴·凯塔、苏马·曼格特（Soumah Manguet）、玛玛雅·德·康康（Mamayah de Kankan）、南方之星（Étoile du Sud）和莫杰雷·巴（Modjèrè Bah）剧团等。在 1945 年到 1955 年期间，福戴巴·凯塔创作的戏剧艺术令人瞩目。他曾是巴黎高等师范学校的学生。他导演的戏剧展现了非洲的历史、传说和神话。随后，他创造了一种新的戏剧形式——以歌舞为背景的戏剧芭蕾舞剧（Théâtre-ballet），表达了对现实生活中发生的事情的批判，而这种形式的戏剧也随着剧团的增多而大量涌现。

此外，各政党领导的政治斗争加剧。反殖民主义给几内亚戏剧提供了新主题：鞭答殖民主义，歌颂民族英雄，主张回归传统文化。福戴巴·凯塔创作的戏剧《非洲的曙光》（l'Aube Africaine）完美地诠释了以上主题：一场示威游行爆发，期间示威的年轻领导人纳曼（Naman）在殖民当局的镇压下被杀害，表达了对殖民者的仇恨情绪。

20 世纪 90 年代，非洲掀起多党民主动乱风波，几内亚上演了相关戏剧呼吁反对内战。总体来说，几内亚戏剧多用来反映现实，发人深省。

第四章 教育及文化

第四节 音乐与舞蹈

几内亚由多民族组成,几内亚人和非洲大陆上的其他居民一样,生来能歌善舞,对于他们来说,音乐和舞蹈是一种语言,是一种表达方式,诉说着多样的情绪,在他们的生活中无处不在。几内亚的音乐与舞蹈可以追溯到中世纪马里帝国时期的曼丁歌舞。

几内亚第一位总统塞古·杜尔热爱艺术及几内亚文化。他发愿以音乐和舞蹈来弘扬几内亚文化,曾要求举办各级比赛来筛选出最好的人加入新成立的几内亚国家舞团。

几内亚的传统乐器也见证了源远流长的中几友谊。在1966年初,中国的民族音乐研究所(现为"中国艺术研究院音乐研究所")曾接到一件重要任务,即西非的几内亚共和国向中国提出请求,希望中国能帮助改良几内亚的民族乐器。因此当时中国的文化部和轻工业部将此事交由音研所和北京乐器研究所来共同完成。中国学者经过一个多月紧张的调查研究,最终出色完成任务,从音域、音色等方面改良了巴拉风木琴、非洲吉他"果尼"、波隆琴、达姆达姆(Tom Tom)鼓。几内亚歌舞团的团长感慨地说:"殖民者来到我们国家时,根本瞧不起我们的民族乐器,将它们踢开、砸碎,企图用西方乐器来取而代之。然而,我们仍然热爱我们自己的民族乐器,但如何改良它们,是个难题。只有中国人是我们真正的朋友,将几内亚民族乐器改得这么好。这不仅仅是几件乐器,这是中国对我们非洲革命的支援。"①

一 音乐及乐器

音乐在几内亚人民的生活中不可或缺,伴随几内亚人的每一个关

---

① 陈自明:《一段不应遗忘的重要历史——记几内亚民族乐器的改良工作》,《中国音乐学》2014年第2期。

键时刻。此外，音乐在盛大场合也占据一席之地，如酋长上位，部落出征或凯旋，宗教仪式等。在日常生活中，音乐无处不在，农民播种前唱歌跳舞以祈求风调雨顺，丰收后载歌载舞来感谢天的恩赐。猎人出门打猎和安全归来时亦是如此。几内亚受到伊斯兰教的影响，葬礼以及礼拜时不允许音乐的出现，安静是这些场合的主旋律。

几内亚的传统乐器具有鲜明的民族特色。在古代，乐器很少单独表演，总是会用来给口头文学或者舞蹈进行伴奏。虽然表演的主体是后者，但乐器演奏出的音乐也能作为一种丰富情感的传递工具，富有强烈感染力。鼓作为最具代表性的民间乐器在几内亚应用广泛。在古代非洲，鼓被用来传递消息，是一种通信工具。当部族或王国遭遇外敌入侵，王室有婚丧嫁娶等重大事情发生时，都要击鼓以向全国告知消息。后来鼓发展成一种在庆祝场合使用的乐器，常以多变的鼓点来表达悲欢离合和喜怒哀乐的感情。每逢传统节日，公众集会，男女举行婚礼，孩子出生和命名，在集体歌舞的欢乐场面中，总少不了以鼓为主器作欢乐的合奏。可以说，在几内亚几乎无处不听到鼓声。

各个部落的鼓不尽相同。居住在沿海地区的巴加族人（Baga）的鼓叫作廷巴（Timba），这是一种男子使用的大型鼓，用于婚丧、宗教等场合。还有特恩德（Te-ndef），这是一种专供女子使用的小型鼓。森林几内亚少数民族地区演奏的有达姆鼓（Damang），是一种中间细的类似沙漏形的两面鼓。还有巴拉鼓（Bara），是一种锥形鼓。在几内亚生活的马林凯族人演奏的是吉姆贝鼓（Djembé），由一个圣杯状的木轴组成，通过张紧系统（最初是木钉或皮弦，现在多用合成弦和混凝土环）将山羊或羚羊皮拉在上面，用手弹奏，其非常广泛的音域产生了非常丰富的音色。此外，还有两面都能击打的长筒鼓，有左手持鼓右手击鼓的板鼓，有专供女子边跳舞边击打的鼓，用线将两个小型的葫芦串在一起，葫芦里边装上谷子或者碎石子，在跳舞时击打或者晃动两个小葫芦。还有一种小巧玲珑的圆柱形鼓，在古代供贵族家庭的女子娱乐使用，现在正规的乐队也有此种乐器，这种鼓有一圈闪闪发光的贝壳装饰。几内亚还有一类木头鼓,或者叫"非洲木鱼",用一整片木头,在两端各挖一个穿透木体的长方洞而成。木头鼓除了用来演奏音乐外,也用来传递信息和示警。

此外,还有专门的鼓乐队,鼓乐队成员演奏各式各样的鼓。每个乐队有一个领鼓手,要负责击打大中小型三种鼓。首先,杜兰巴(Dununba)作为一种大型的立式鼓,通常提供低音,是几内亚传统鼓乐的关键组成部分。其次,桑巴尼(Sangban)是一种中型立式鼓,音调较高,通常和杜兰巴相配合,产生更多的层次感和节奏感。最后,肯肯尼(Ken Keni)作为一种小型立式鼓,音调相较于前者更高。肯肯尼,杜兰巴和桑巴尼一起可构成传统三重鼓组合。小型鼓用皮带系在身上,中型鼓被夹在两腿中间,大型鼓则置于身旁的地上。领鼓手在演奏最开始要率先击打小型鼓,这时乐队其他成员才开始演奏,因此,领鼓手击打小型鼓便标志着乐队演奏的开始。在演奏中,其他成员也要根据领鼓手击打三种鼓的节拍来进行击鼓。

除了打击乐器之外,几内亚的传统乐器还有管弦乐器。有一种流行于西非的木琴,叫巴拉风(Balafon),它以音色清亮而清晰,音调范围广泛而闻名。其名字来源于马林凯族语,"巴拉"的意思是演奏,"风"的意思是乐器。这种乐器由一种非洲特有的叫作贝奈(Béné)的木材和大小不同的葫芦制成,能发出独特的声音,值得注意的是不同大小的巴拉风(Balafon)会影响它的音色和音调,在传统的庆祝活动中经常能看到这种乐器。它可以追溯到古代索索王国。根据民间口头文学的说法,索索王国的国王苏毛罗·康戴(Soumaro Kanté)制作了第一台木琴——索索木琴(Sosso Balla),当时只能由其一人演奏此琴。后来马里王国打败索索王国后,这台琴归属了马里帝国的宫廷口头文学说唱师团,后一直被保存成为文物。如今,这种木琴在几内亚已经走进寻常百姓家,成为一种很常见的乐器。

此外,几内亚的传统弦乐器还有科拉(Kora)、波隆(Bolon)和科尼(Koni)。科拉(Kora)由一个直径为40—60厘米的葫芦制成,在右上方有一个直径为 10 厘米的孔作为音孔，有 21—25 条弦。另外上下两个孔使手柄可以穿过。类似羊皮纸的牛皮将其覆盖，其声音的饱满程度取决于此。外形震撼，声音美妙清晰，成为曼马林凯音乐的象征。科拉常常由男子演奏，主要是为叙事、朗诵和纪念人物的歌曲伴奏。波隆由一个用牛皮覆盖的葫芦制成的大型共鸣箱组成，上面有一个带弦的拱形木制颈部。为了放大声音的振动，音乐家经常戴着一个由金属板制成的钟形装置，上面有椭圆形的小裂片。这个装置有小铁环，通过带绳索的垫子或弹性带连接到演奏者的手上。博龙的使用方式取决于琴弦的数量。一根弦或两根弦的博龙用于流行活动和庆祝活动，以及为仪式和宗教典礼伴奏。三弦和四弦的博龙是最常见的。它们被用来为赞美传统酋长、庆祝国王的事迹、鼓励田间地头的农民和激励战士而伴奏。博龙是一种可以独奏或与其他乐器合奏的乐器。它的使用不分种族、性别或宗教，学习要么由师傅传给学徒，要么由当地协会传授。然而，入门者的数量有限，而且这种做法受到城市化、禁止传统入门仪式和做法的宗教的引入以及年轻人兴趣下降等因素的威胁。2021 年 12 月，联合国教科文组织将与博龙有关的文化习俗和表现形式列入需要紧急保护的非物质文化遗产名录。科尼（Koni）外形类似中国的琵琶，有用细铁丝制成的 4 根或 6 根弦，演奏时用两根铁条敲打铁丝。

除了琴之外，几内亚的常见管弦乐器还有笛子。在乌阿苏鲁地区，有一种叫比迪（Budu）的横号，森林几内亚有用象牙制成的笛卢（Tulu）的小号，马林凯族人有一种叫锡姆蓬（Simbon）的哨子。

随着社会发展，这些非洲传统乐器也求新求变，适应时代要求，焕发出新的生机。例如，在 20 世纪 80 年代，吉姆贝鼓（Djembé）征服了世界。一批出色的演奏者如马马迪·凯塔（Mamady Keïta），阿马杜·基努（Amadou Kiénou）、法穆杜·科纳特（Famoudou Konaté）、弗朗索瓦·登贝莱（François Dembélé）、阿达马·德拉梅（Adama Dramé）等，经常演奏这种乐器，并在欧洲、美国和日本创建了学习中心来专门教授吉姆贝鼓。在 21 世纪，吉姆贝鼓除了出现在传统音乐作品之外，也为现代音乐进行伴奏。在蓝调和非洲摇滚乐的曲目中，我们可以听到这种打击乐器的伴奏。自 20 世纪 80 年代以来，随着非洲民谣音乐和世界音乐的发展，巴拉风之风蔚然兴起。

几内亚宣布独立后，国内音乐也随之得到了发展。1961 年成立"Bembeya Jazz National"，是第一支将传统非洲音乐现代化的乐队，擅长经典的曼德歌曲改编。1962 年成立了宕布里尼乐团（Tambourinis）和巴拉乐团（Balla）两个乐队。前者主要是演奏几内亚传统乐器，主要是各式各样的鼓。后者是几内亚传统的弦乐器伴随演员唱说。演唱题材也随着时间的推移由民间传说转变成了现代题材。但是，20 世纪 70 年代末，政治干预影响了几内亚音乐的发展。塞库·图雷政府实施了严格的文化政策，要求音乐家创作政治宣传歌曲而不是自由创作。1984 年后埃兰·孔戈成为总统，文化政策发生改变，音乐家拥有更多创作自由，几内亚音乐发展走向繁荣。

莫里·坎特（Mory Kanté，1950—2020）是一位享誉国际的几内亚音乐家，他的专辑《10 颗可乐果》（*10 Cola Nuts*）在几内亚大受欢迎，而 1988 年的单曲 Yéké Yéké 从《莫里·坎特在巴黎》（*Mory Kanté in Paris*）专辑中脱颖而出，成为欧洲的热门歌曲。

几内亚的音乐场景充满活力，涌现了一批年轻的音乐人，如 King Alasko、Thiird、Soulby THB、Yudini 和 Soul Bangs 等，他们传达着年轻一代的音乐态度。同时，几内亚的现代音乐也经历了迅速的发展，融合了传统元素，同时受到国际音乐的影响。

几内亚的音乐现在可分为多个流派，其中最显著的包括阿夫里卡·巴（Afrobeat）、法克圣（Funk-Soul）和赛苏（Salsa）。

阿夫里卡·巴是源自几内亚的音乐风格，融合了传统非洲鼓乐、吉他演奏和现代流行元素，常常带有强烈的舞蹈节奏和社会政治信息。

法克圣音乐结合了传统非洲元素、灵魂音乐和放克音乐，突出了节奏和吉他演奏，充满动感和情感。

赛苏音乐源自古巴，但在几内亚也有影响，结合了古巴和非洲音乐元素，以强烈的舞蹈节奏和铜管乐器为特色。

几内亚嘻哈也由 Rap、Ragga、R&B 组成。杜达是几内亚的先驱团体之一，这个群体由克拉克斯、莫莫、西迪组成。

二　舞蹈

（一）传统舞蹈

几内亚舞蹈以真实发生的事情、动物的姿态为灵感，调动人的整个身体。舞蹈动作粗犷奔放，步伐多变有力，极富动感。此外，几内亚舞蹈离不开音乐，舞蹈、歌唱、音乐紧密配合，是几内亚舞蹈艺术的重要特点。人们多用非洲鼓伴奏，也会使用几内亚木琴巴拉风（Balafon）、可拉（Kora）等。音乐除了能带来欢乐、增加气氛之外，对舞步节奏也起着很大的辅助作用。

几内亚舞蹈是几内亚文化的重要组成，起源于古代的宗教仪式，许多舞蹈可能是为了崇拜特定的神祇，祖先或者自然力量而表演，被视为一种人神之间的交流方式。几内亚舞蹈服饰色彩明快、对比强烈，富有民族特色，女子头上包扎着各式各样的彩色头巾，男子多赤裸上身，头扎红色飘带。在古代或现在的部分农村地区，一些场合人们会头戴面具，身着用草和树枝制成的专门舞蹈服装代表自然神。

几内亚各部族的舞蹈种类很多，广泛分布于沿海几内亚、中几内亚、下几内亚及森林几内亚的各部族。其中有反映男女青年欢乐高涨情绪的群众集体舞蹈——萨巴拉舞（Sabar），有反映种植劳动的民间舞蹈——巴波·卡努舞（Bapoukannou），也有习俗性的仪式舞蹈和宗教舞蹈——萨瓦舞（Sawa）。它们形式各异，但主要特征都是以胸部带动胯部进行前后激烈抖动。除此之外，随着几内亚国内的发展和全球化影响，几内亚的传统舞蹈元素同现代流行元素相结合诞生了法克圣舞蹈（Fank-Sani）：法克圣舞蹈通常充满活力，具有强烈的节奏感，非常适合社交聚会和娱乐。

几内亚舞蹈所展现的主题与传统的部族生活息息相关。这些舞蹈有的取材于民间的神话传说。如《山泉魔王》就是表现村民把年轻漂亮的女子献给古山泉魔鬼,以求得水的故事。舞蹈中有男女青年劳动的场面,其动作欢快跳跃,感情朴素、开朗,充满生活气息。舞蹈者抖动胸部及双肩,踏步有力,节奏激烈。划船舞是表现男女青年在河上划船的情景,其中男子手持木桨挥动双臂,身体后仰,作有力的划船动作。迈步时双腿有力促蹲,双脚交替而出,舞蹈步法逐渐加快,表示在激流中急速而行。女子随欢乐的歌声嬉水欢舞,最后随歌声远去。种橘舞则表现从挖坑、植苗、浇水、施肥、摘橘到制橘汁全部的生产过程。动作以胸部的扭动和膝盖的颤动为主,头上仰,脚踏步有力,全身松弛,但内含力量。其中有劳动动作,表达欢快的情绪,反映了几内亚人民鲜活的生活场面。舞蹈"飞雷格罗巴"在过去一般由小伙子们跳。他们在月夜跳起这种舞,向姑娘们展示自己的健美身材和丰沛活力。现在,女子也跳这种舞,以示男女平等,其动作激烈而富有韧性,尤其胸部的抖动更为明显。根据几内亚的传统风俗,每年雨季将临时,各部族都要举行隆重的播种仪式,人们举着禾苗绕着田地唱歌跳舞。在孩子成年或婚丧大事时,也要举行各种隆重的仪式。这些仪式都离不开舞蹈。在这些舞蹈中,常有踩高跷跳的面具舞,舞者踩着鼓点做出各种难度很大的动作。

(二) 现代舞蹈

在几内亚宣称独立后,国内舞蹈得到了长足发展。20世纪50年代初期,国家芭蕾舞团在总统塞古杜尔的支持下成立,并在几内亚的舞蹈发展运动中起了不可替代的作用。20世纪60年代,除了群众性的文艺创作之外,一批文艺团体也纷纷涌现。在法国留学的几内亚学生福戴巴·凯塔于1952年在巴黎创立了发展舞蹈团,10年后,他带着舞蹈团回国,招揽全国优秀舞蹈人才,舞蹈团得到发展壮大,并更名为非洲芭蕾舞蹈团(Ballets Africains),成为国家级舞蹈团,在政府文化部门的管理下从事舞蹈表演和编导工作,曾在20世纪60年代至70年代吸引了西欧和北美的诸多目光。1962年,乔里巴国家舞蹈团(Ballet National Djoliba)成立。在这些专业的文艺团体的带动下,20世纪60年代,全国各地群众性的文艺创作活动势头高涨。从1965年开始,全国各地开始定期举办文化周,并每两年举办一场全国性的文艺汇演,许多优秀音乐舞蹈作品纷纷涌现。

几内亚的国家级表演团——几内亚非洲舞蹈团是几内亚舞蹈走向世界的主要代言人。尽管几内亚舞蹈的表演形式极其简单——由乐手敲击鼓点并弹奏简单旋律的音乐、由舞者呈现热烈舞蹈并配以少量歌唱,但这种结合了电闪雷鸣般的鼓声和充满爆发力的身体律动的演出,展现出非洲部落原始生命的能量与激情,具有非凡的感染力。2009年5月5日,几内亚非洲舞蹈团来华献艺,带来的《曼丁戈帝国的记忆》,其每段表演的主题均围绕着一则反映几内亚历史的故事展开,通过串起全场的旁白,让观众在领略几内亚这个"节奏王国"魅力的同时,触摸到这个西非国家的灵魂。2019年10月,中几建交60周年之际,在中国文化和旅游部,几内亚体育、文化和历史遗产部共同主办下,几内亚非洲舞蹈团《塔姆塔姆巴》专场演出在北京二七剧场上演。当晚,几内亚非洲舞蹈团为观众带来综合性舞蹈剧目《塔姆塔姆巴》,演出展示了以坚强意志和必胜决心攻坚克难的非洲形象。《面具舞》《费凯莱舞》等舞蹈特色鲜明、激情四射,使人仿佛置身于非洲部落之中。巴加斯鼓与非洲鼓的合奏明快强烈,唱腔极具感染力,博得了观众的阵阵掌声。几内亚舞蹈家们用这些集传统与现代为一体的非洲舞蹈不仅展现了非洲艺术的独特魅力,也舞出了中国与几内亚两国人民间的深厚情谊。

该舞蹈团在北京二七剧场进行专场演出,带来了综合性舞蹈剧目《塔姆塔姆巴》,展示出具有强烈意志和坚毅决心的非洲形象。

几内亚的民间舞蹈也在现代社会不断发展,大力士之舞(Dununba)作为传统的男性舞蹈在新时代依旧焕发着活力,舞者通常手持斧头和用河马皮做成的鞭子以展现男人的力量和气魄,由于许多苏苏族的音乐家聚集科纳克里,现代几内亚的城市中的大力士之舞非但没有消失,还发展得更加快速,城市中不乏优秀的舞者和乐手,该舞蹈在强大的舞者和乐手的合作下创造出了更多全新的舞步和玩法。其多变的形式从侧面反映出了非洲地区舞蹈和音乐的包容性和创造性。

第五节 工艺美术

几内亚人民心灵手巧,富有智慧,他们的工艺美术具有独特的非洲特色及民族个性。各个地区都有富有本地特色的手工艺技术。在几内亚首都,最主要的工艺美术活动有锻造、织物、时装、竹制品、蜡烛、金银饰等。此外,一种新的手工艺形式正在发展,年轻的创作者们回收铁轨、发动机、零件、活塞、树木……创作纪念碑式的雕塑或玩具,在露天环境下以鲜艳的颜料加以点缀。

几内亚木材原料丰富,可用来制成木雕工艺品。木雕品种多样,有装饰用品,有生产生活用品,也有祭祖或者宗教仪式所使用的代表祖先和自然神的面具。不过,最具有代表性的还是乌木人物雕像。在举行宗教仪式,或者各种职业在吸纳新成员时,人们会举着木雕面具。面具上的人像是按照人们在脑海中想象出的祖先的模样和人格化的自然神的样子制作而成的。在马林凯族、苏苏族和森林几内亚少数民族居住的地区,佩戴面具较为普遍。不过在富塔贾隆地区,颇尔族人因很早就信奉伊斯兰教,不将祖先或者动物看作神,所以几乎没有佩戴面具这一行为。几内亚还盛产一种极具非洲特色的木雕——黑木雕。几内亚的黑木雕世界闻名,这种黑木雕细腻坚硬、重如钢铁,放在水里立即沉底。近年来几内亚物价上涨及旅游业发展,黑木雕的价格也水涨船高。

几内亚的传统印染也享有盛誉。印染所需要的染料是由非洲特有的植物和泥土构成。富塔贾隆地区和金迪亚区（Kindia）擅长以植物制作染料。将这种植物挤出汁液，再晒干做成小圆球，在需要用的时候把它们放到水里进行染布工作，然后用另一种捣出的汁液来进行定色工作，使颜色固定在布料上，有时也会用一种特有的泥土来进行定色工作。在几内亚西部富塔贾隆地区，工匠们使用发酵法提取纯植物获得靛蓝色染料（Lépi 或 Pagne Indigo），这种藤本植物早期由妇女手工收集，经过干燥、堆积和压缩，制成靛蓝色团块。靛蓝色在几内亚民族的文化认同中占据着重要地位，具有强大的象征意义，被用于如婚礼、皇家礼仪等神圣的仪式，抑或供首领使用。随着非洲工艺的全球推广，几内亚靛蓝的出口量越来越大。如今，一些画家、造型师、模型制作者、装饰师、室内装潢师甚至高级时装师用它来推广他们的艺术。许多年轻设计师还在几内亚一年一度的时装秀"Guèssè"上为几内亚靛蓝的国际化发展作出贡献。

在富塔贾隆地区或中几内亚地区，压花皮革和纺织（用于制造非洲人穿的长袍所需要的白色和蓝色棉线）的工作占主导地位。

在沿海几内亚和上几内亚，工匠们用一种简单而古老的方法制作陶器。烧制在明火中进行。这些陶器被倒置在火床上。然后用木头和树枝覆盖，再点燃。定期向火堆投掷燃料，直到完成陶器的烧制。

康康区还以其风格化的人形雕像而闻名，这些雕像没有腹部。在森林几内亚，恩泽雷科雷区（Nzérékoré）的手工艺村汇集了当地的手工艺产品（藤制家具、珠宝、可乐果染料）。手工艺的发展有诸多好处：有助于当地材料的价值化，有助于满足人们的基本需求，有助于创造就业机会，有助于通过传统或专业的学徒制培训校外的年轻人等。

几内亚的编织有草编、竹编和藤编三种，以草编最为普遍，主要用于制作凉鞋、托盘、手提袋等物品。为落实"一带一路"倡议，深化南南合作，几内亚还派遣相关技术人员来中国参加培训，学习中国竹藤加工的先进技术，增强动手能力和生产高质量、高附加值产品的能力，提高对竹藤资源利用和应用的认识，促进几内亚竹藤产业的发展。而且为了加强手工业对经济增长和减贫的贡献，几内亚政府采取了一系列有利于手工业发展的措施，如制定相关政策文件，建立公共机构，成立几内亚手工业联合会，职业联盟等来保护和支持几内亚手工业的发展。

第六节　文化设施

一　图书馆

几内亚国家图书馆（Bibliothèque Nationale de Guinée）位于首都科纳克里，于1958年创立。此时的国家图书馆只是非洲法国研究所（Institut Français d'Afrique Noire）辖下的一个已更名的分支图书馆。国家图书馆并未获得政府大力支持。图书馆1961年开始拥有第一位图书馆管理员（也是该国当时唯一一位图书馆管理员），并接纳新入职和可培训的人员，获得政府拨款。1967年末，国家图书馆馆藏11000本图书、300份期刊以及从转让、购买和赠送等渠道获得的所有物品。国家图书馆在翌年迁至一幢更小、更旧但更靠近市中心的建筑，由一位新入职、由法国培训的几内亚人作为图书馆管理员。然而，因这两名训练有素的图书馆管理员此后被调升至其他部门，加之国家图书馆的财政预算削减，至1985年，该图书馆仅靠捐款来维持运作。1986年，图书馆关闭。国家图书馆此时馆藏40000多本图书，但它们全都分散在储存在其他地方，包括人民宫的地库，以及属于几内亚首屈一指的出版社帕特里斯卢蒙巴出版社（Imprimérie Patrice Lumumba）的建筑内。谢克·西尔拉·巴巴（Cheick Sylla Baba）博士自1998年起出任国家图书馆秘书长并积极为国家图书馆争取权益。

在联合国教科文组织巴黎总部召开的专家咨询委员会上，科纳克里获选成为2017年的世界图书之都。这座大西洋沿岸的港口城市将成为世界上第十七个图书之都，它也是第二个获此殊荣的非洲城市。

二　博物馆

桑德瓦利亚国家博物馆（Musée National de Sandervalia）是几内亚的国家博物馆，几内亚国家博物馆位于首都科纳克里的卡卢姆区（Kaloum）的桑德瓦利亚（Sandervalia）。它有两个展览室：常设展览室和临时展览室。常设展览有三部分：文化、艺术和经济活动。该博物馆的职责是在非洲和国际上鉴定、收集、保护、传播几内亚的文化遗产；鼓励并促进博物馆学领域的研究；确保几内亚文化遗产在国内和国外都有高质量的代表作品；促进与类似机构的双边和多边合作。桑德瓦利亚国家博物馆的第一批藏品可以追溯到殖民时期的1947年，当时非洲法国研究所（IFAN）在科纳克里的当地中心主任乔治·巴兰迪尔（Georges Balandier）开展了第一次收集人类学实物的活动。1958年几内亚宣布独立后，通过收购的方式，博物馆内的藏品得到了进一步扩充。1965年、1968年和1973年，一支几内亚—波兰考古队在13世纪马里帝国的前首都尼亚尼（Niani）进行了多次考古发掘。这三次发掘活动使收藏品更为多样化。在此之前，这些收藏品仅由人类学实物组成。2013年，国家博物馆团队对收集到的文物进行了清点，并在储藏室进行了包装。1971年，科纳克里大学在巴加塔耶（下几内亚）开展了收集活动，继续丰富了藏品。为使藏品更能代表该国的所有社区，国家博物馆于2004年在上几内亚发起了一场收藏活动。在这次活动中共收集到200多件人类学藏品。2011年，在伊斯兰教育、科学和文化组织（ISESCO）的资助下，开展了一个收集伊斯兰教文物的项目。这标志着藏品进一步多样化。2013年、2016年和2017年，北卡罗来纳大学（Université de Caroline du Nord）的一名博士生与历史遗产局和国家博物馆合作，在蓬戈河（Pongo）进行了考古发掘，其中7000件文物进入馆藏。在该博物馆的院子里，有一组展现几内亚人民反抗法国殖民统治，争取民族解放的英雄人物雕像，如阿尔法·雅雅（Alpha Yaya）等。此外，2014年在博凯区的（Sangarédi）发现的文物也收入了馆藏。该博物馆也有照片收藏，1111张照片涉及殖民时期的不同主题，有风景、崇拜、肖像、居住环境等。如今，桑德瓦利亚国家博物馆清点的文物数量共计12154件。其中人类学文物2016件、照片1100张、考古文物9027件。另外，博凯区（Boké）拥有两座博物馆——博凯博物馆（Musée de Boké）和昆达拉博物馆（Musée Préfectoral de Koundara）；法拉纳区拥有一座博物馆——基西杜古博物馆（Musée Préfectoral de Kissidougou）；康康区拥有松迪亚塔·凯塔军营博物馆（Musée du Camp Militaire Soundiata-Keïta）；拉贝区（Labé）富塔贾隆博物馆（Musée du Fouta Djalon）；恩泽雷科雷区博物馆（Musée Préfectoral de Nzérékoré）。

三 文化中心

法国—几内亚文化中心（Centre Culturel Franco-Guinéen）是一个公共机构，成立于1999年，拥有财政自主权。在国家财政和机构合作伙伴的支持下，由法国和几内亚国家提供补贴。其主要职能是提供法语课程、培训和考试。该文化中心分为两个主要部分：艺术部负责艺术节目的制作和中心的文化活动。该中心平均每年举办5部戏剧、4场音乐会和4个展览。文献部负责管理媒体图书馆和与学校的关系，作为推广书籍和阅读的一部分。

中国也在几内亚援建了一些文化设施。几内亚首都科纳克里最宏伟的建筑是1968年由中国援建的人民宫（Palais du Peuple），被当地民众誉为"大西洋畔的一颗明珠"。人民宫共和国广场建于1973年，占地7万平方米，中心矗立着"11·22反侵略纪念碑"，碑高27米，碑座18平方米。平台两层，整体由黑色花岗岩砌成，由灰色花岗岩镶边饰顶，碑座四周有117个浮雕，描绘了1970年11月22日几内亚人民英勇反击葡萄牙雇佣军入侵的战斗场面。人民宫建筑群还包括中国援建的"自由电影院"和"11月2日国庆乐园"。中国援建的总统府于1999年10月2日移交几方。此外，科纳克里还有中国援建的几内亚广电中心、中几友好医院和科纳克里体育场等。

另外，当时的几内亚政府也在积极进行国内文化设施的筹建工作。2019年4月，几内亚体育、文化和历史遗产部部长索乌（Sanoussy Bantama SOW）在几内亚首都科纳克里市中心的卡鲁姆酒店（Hôtel Primus Kaloum）举行记者招待会，指出近期和中期规划的12个重点项目，分别是：

（1）建立几内亚国家青年文化宫（Palais National de la Culture et la Jeunesse）。

（2）建设五座体育、教育、娱乐中心（Centres Multifonctionnels de Sports, d'Études et de Loisirs），每座体育、教育和娱乐中心的造价匡算为1000万美元。场址分别在：首都科纳克里2座，马穆省1座，库鲁萨省1座，恩泽雷科雷省1座。

（3）几内亚已经获得了2025年非洲国家杯足球赛的主办权。为此，按照非洲足联的相关要求，新建一批符合国际标准的现代化足球场以及配套的运动员村，满足获得参赛资格的24支非洲国家足球队比赛的需求。

（4）新建1座体育宫（Palais des Sports）。

（5）改扩建几内亚国家博物馆（Musée National de Guinée）。

（6）新建7座省级文化宫（Palais Régionaux et de la Culture），几内亚7个大区，每个大区1座。

（7）改扩建省级图书馆。

（8）在首都科纳克里卡鲁姆新区新建几内亚体育、文化和历史遗产部部委办公楼。

（9）在康康区新建马马亚文化村（Village Multiculturel Mamaya）。

（10）新建1座"现代艺术博物馆"（Musée d'Arts Temporaires）。

（11）抢救、修复一批几内亚历史文化遗址（Restauration des

Sites et Monuments Historiques）。

（12）修复和改扩建康康大区锡吉里（Siguiri）省巴拉丰木琴博物馆。

四 文化机构与国际文化

几内亚政府比较重视国际文化交流合作以弘扬发展本国文化。在教育方面，截至20世纪末，几内亚已经和28个国家均签订了教育合作交流协定。1998—1999年，20个国家向几内亚提供了219名大学生的奖学金名额，其中大部分是法国提供的。此外，向几内亚提供奖学金名额较多的国家有：摩洛哥（47名），古巴（30名），埃及（22名）。中国从1973年开始接受几内亚留学生，1999年几内亚在华留学生为35人。2019年几在华留学生1083人。

为加强中几两国间的友好关系并促进两国在文化领域的交流，2016年，双方就促进中几文化交流与合作进行了探讨和交流，达成多项共识，签署了《中华人民共和国政府和几内亚共和国政府关于文化合作的协定》。2018年，双方签署了《中华人民共和国政府和几内亚共和国政府文化合作协定2018年至2021年执行计划》。2009年5月，几内亚非洲舞蹈团来华演出。同年10月，中国"东方魅力"艺术团赴几访问演出。2016年，几内亚4名武术学员来华在少林寺参加"非洲武术学员培训班"。2019年10月，几内亚歌舞团来华访演。

? 思考题

① 简述几内亚的教育体系。
② 非洲有哪些文学奖项，哪些重要的几内亚作家获得过相关殊荣？
③ 几内亚和中国在文化艺术领域有哪些合作交流？

第五章

对外关系

自1958年10月2日几内亚共和国宣布成立,成为法国非洲领地之中唯一拒绝参加法兰西共同体的国家之后,至今60多年来,几内亚共和国的对外态度与立场随着领导人的变化也始终处于不断演变的过程之中,外交政策也几经调整。

几内亚独立后,塞古·杜尔当选为几内亚共和国首任总统,并于1961年、1968年、1974年和1982年四次连任,连续执政25年半直至1984年逝世。在此期间,几内亚对外奉行中立不结盟政策,反对帝国主义和新老殖民主义。1962年12月,杜尔在几内亚民主党(Parti Démocratique de Guinée)第六次代表大会上宣布几内亚对外政策的主要原则是:消灭帝国主义和新老殖民主义;撤除一切外国军事基地;取消一切形式的军事联盟和军事公约;在严格遵守不干涉内政条件下实行和平共处;保证各国人民的独立和尊重各国的制度;支持亚、非、拉各国人民的解放斗争[①]。

塞古·杜尔逝后的1984—2008年,兰萨纳·孔戴执政长达24年。在其执政期间,几内亚在外交方面奉行睦邻友好、不结盟、全面开放和独立自主的外交政策,坚持平等互利和相互尊重的原则,强调外交为发展服务。兰萨纳·孔戴重视加强与非洲国家的团结与合作,

---

① 各国概况编辑组:《各国概况》(上),人民出版社1972年版,第385页。

积极参与非洲联盟建设。同时孔戴政权还积极改善其与包括前宗主国法国在内的西方国家的关系，发展经贸往来、吸引和鼓励外国投资，并表示愿意同所有国家发展友好合作关系，向东方、西方都寻求援助。

2008年兰萨纳·孔戴总统因病逝世后，几内亚经历了穆萨·达迪斯·卡马拉发动的军事政变，2009年5月5日，卡马拉采取了第一个重大外交举措，他通过国家电视台发布总统令，宣布召回约30名驻外大使，该决定影响了驻美国、韩国、中国、法国、英国、俄罗斯、埃及、南非、意大利、日本、巴西、古巴、瑞士、塞尔维亚、马来西亚、伊朗、塞内加尔、尼日利亚、利比亚、加纳、阿尔及利亚、摩洛哥、加蓬、利比里亚、塞拉利昂和几内亚比绍等几乎几内亚所有的外国使馆，几内亚驻欧盟、联合国和非洲联盟代表也受到影响。外国媒体推测大多数大使是在2007年2月至2008年5月由前总理兰萨纳·库亚蒂（Lansana Kouyaté）任命的，卡马拉通过这一举措试图与前任政府保持距离。

2010年12月，72岁的阿尔法·孔戴正式就职几内亚总统。在对外政策上，阿尔法·孔戴主张增进与国际社会的政治互信，制定更具活力的外交新政，加强同新兴大国的交流与合作，同时积极参与非洲事务，重新评估各国对几内亚援助政策与效益，力使常年经济低迷、人民受苦受难的几内亚尽快重返非洲和国际舞台。

2021年9月马马迪·敦布亚发动军事政变，扣押阿尔法·孔戴，并在2021年10月宣誓就任几内亚临时总统。他宣布了"重建国家"的计划，引入"自由、可信和透明"的选举，并尊重"该国已签署的所有国家和国际承诺"。

总体来说，几内亚共和国成立至今，一直奉行睦邻友好、不结盟、全面开放和独立自主的外交政策，强调外交为发展服务，愿意在平等互利和相互尊重的基础上与世界各国发展友好合作关系。几内亚主张加强非洲国家之间的团结与合作，积极参与非洲联盟建设。同时重视发展同欧盟、美国等西方国家关系，以争取国际支持与援助。自阿尔法·孔戴总统上台之后，几内亚注重发展同中国的关系。

第一节　外交特点与政策演变

一　塞古·杜尔时期的外交政策

几内亚原本是法国的殖民地，1958年，在非洲民族独立运动高涨的背景下，几内亚举行全民公投，拒绝加入由法国主导的法兰西共同体，成为唯一一个投票反对加入法兰西共同体的殖民地。这标志着几内亚正式宣告独立，脱离法国殖民统治。同年10月2日，几内亚正式获得完全独立，塞古·杜尔出任首任总统。几内亚的独立开启了非洲民族独立运动的先河，也因其拒绝继续处于新形式的殖民主义控制下而在非洲国家中占据特殊地位。

在外交方面，作为塞古·杜尔的"优先行动领域之一[①]"，塞古·杜尔的立场在1959年逐渐明确，在此之前，他似乎一直在几个方向上犹豫不决：与法国和解，并与法兰西共同体保持联系，这将有可能获得技术援助；对前殖民国家采取更加激进的态度，这将增加其在革命运动中的影响力；与加纳的联盟，淡化几内亚的国际个性[②]。

1959年开始，塞古·杜尔决定放弃与巴黎和解可能性，1959年8月，几内亚承认阿尔及利亚共和国临时政府；1960年2月13日，法国在撒哈拉大沙漠成功爆炸了第一颗原子弹，几内亚在联合国投票中给予反对；1960年3月1日，塞古·杜尔在新闻发布会上宣布实施货

[①] Guia Migani, «Sékou Touré et la contestation de l'ordre colonial en Afrique sub-saharienne, 1958–1963», *Monde*, 2012 Février 1, p. 272.

[②] Guia Migani, «Sékou Touré et la contestation de l'ordre colonial en Afrique sub-saharienne, 1958–1963», *Monde*, 2012 Février 1, p. 267.

币改革。

　　几内亚宣布独立后，法国领导人戴高乐对此非常不满。自几内亚宣布独立之日起，法国在短时间内撤出在几内亚各部门各行业的法国行政和技术工作人员，并尽快撤走或毁坏在几内亚的各类设施和设备，同时中止对几内亚的财政支持并取消几内亚向法国出口的优惠待遇等。法国情报部门以各种方式试图破坏几内亚，试图推翻杜尔的新政权。当时杜尔计划让几内亚退出法郎区，实现货币独立。为此，几内亚发行了自己的货币，但法国却搞到了几内亚新货币的票样，大量印制了比真钞质量更好的假钞，并投放到几内亚市场上流通[①]。这导致大量优质假钞充斥几内亚，几内亚的新货币从一开始就无法正常使用，几内亚的货币独立计划被严重破坏。

　　塞古·杜尔与法国的关系逐步恶化，并在1965年断绝与法国的所有联系。1965年11月，几内亚政府指责法国参与了一起企图发动政变的阴谋，法国情报部门试图在几内亚策划政变，意图推翻塞古·杜尔的政府，几内亚政府对法国发起指责，采取了强硬措施，驱逐了法国大使科尼格（Koenig）.在艰难度过了独立初期的种种混乱后，塞古·杜尔和法国的关系依然没有得到缓和，几内亚独立后在建设道路上遭遇种种障碍，人民生活水平难以提高，直到1975年7月，几内亚和法国才宣布重新建立外交关系。

　　塞古·杜尔试图维护几内亚的独立性和自主性，寻求与社会主义国家和非洲国家建立紧密的关系。他主张反对殖民主义和帝国主义，支持非洲国家的独立运动，并与其他非洲领导人合作，推动非洲国家在国际舞台上发声，以争取非洲国家在国际事务中的权益和地位。1962年12月，杜尔在民主党第六次代表大会上宣布几内亚对外政策的主要原则是：消灭帝国主义和新老殖民主义；撤除一切外国军事基

---

① 菲利普·贝尔奈尔：《谍海孤舟——法国情报部门一个负责人的自述》，华汶译，世界知识出版社1981年版，第288—290页。

地；取消一切形式的军事联盟和军事公约；在严格遵守不干涉内政条件下实行和平共处；保证各国人民的独立和尊重各国的制度；支持亚非拉各国人民的解放斗争。

在几内亚独立两年后，塞古·杜尔已成为非洲大陆上不可忽视的重要角色，他积极推动非洲各国反帝反殖和争取民族独立的斗争，号召非洲国家发扬泛非主义精神，早日争取非洲大陆的全部解放，他积极倡导非洲的团结和区域性合作。塞古·杜尔在几内亚民主党第八次代表大会上表示几内亚忠于非洲统一组织宪章，并决心为实现非洲统一组织决议而积极努力①。他与加纳总统克瓦米·恩克鲁玛（Kwame Nkrumah）的关系众所周知，1958年11月就与其建立联盟；他还多次会见利比里亚总统威廉·杜伯曼（William Tubman）；同时，他还努力协助联合国在刚果解决该国的冲突；1960年8月，马里联邦解体后，塞古·杜尔与加纳总统恩克鲁玛和马里总统莫迪博·凯塔（Modibo Keïta）宣布形成联盟。恩克鲁玛和凯塔是他在这一地区的盟友，1966年恩克鲁玛在政变中被推翻后，杜尔为其提供政治避难，并授予其"几内亚联合总统"的荣誉称号。塞古·杜尔还因加纳政变与昔日老友，时任科特迪瓦总统，亲西方的费利克斯·乌弗埃—博瓦尼（Félix Houphouët-Boigny）决裂。

1958—1961年，杜尔和恩克鲁玛等非洲民族主义领袖积极筹备和召集了三次全非人民大会（Conférence des Peuples Africains），历次大会都强烈谴责帝国主义和殖民主义，号召加速全非各国的解放进程。杜尔主张各国团结一致，为非洲的区域一体化进程作出了积极贡献，1963年5月，非洲统一组织（Organisation de l'Unité Africaine），即非洲联盟的前身，在埃塞俄比亚的斯亚贝巴正式成立，标志着非洲统一事业取得重大进展。

几内亚的新型国际关系并不局限于非洲框架，几内亚和苏联及一

---

① 各国概况编辑组：《各国概况》（上），人民出版社1972年版，第385页。

第五章　对外关系

些东欧国家之间亦有着密切的合作关系。在 20 世纪 60 年代初，塞古·杜尔与这些政府签署了一系列重要的经济合作协议。根据协议，这些国家向几内亚提供了大量的经济援助和资金支持，用于几内亚的经济建设和项目发展，并帮助几内亚建设了一些基础设施项目，包括公路、桥梁、医疗设施、港口等。塞古·杜尔执政初期，视苏联为几内亚最重要的盟友和支持者，几内亚的外交政策与苏联的立场保持一致，高层之间频繁互动，苏联授予其"列宁和平奖"。

1959 年 12 月，苏联邀请塞古·杜尔进行国事访问，苏联领导人重申支持一切反对欧美帝国主义的国家。共产主义国家希望利用法国政府的下台来争取几内亚支持他们的事业，并在西非站稳脚跟。为了实现自己的目标，他们不会吝惜经济和军事援助，苏联向几内亚提供了 1.4 亿卢布贷款，还提供了大量的技术支持，并向几内亚提供了大量的军事援助，包括武器装备、军事培训和军事顾问等，帮助几内亚建立了一支现代化的军队，并协助几内亚加强国防能力。但在 1961—1962 年，几内亚与苏联的关系因"教师阴谋"（Complot des Enseignants）而变得微妙，"教师阴谋"为一场旨在推翻塞古·杜尔政权的未遂政变，这场政变由几内亚的知识分子和教师组织，他们对杜尔政府的个人专制统治和对政治异议的迫害感到不满。这些教师和知识分子计划在 1961 年 11 月进行政变，他们希望通过武装起义推翻塞古·杜尔的政权，并建立一个新的政治体制，然而，这场政变在筹备阶段就被杜尔政府的情报机构发现并挫败。

虽然之后关系得以缓和，但几内亚自此对社会主义与共产主义阵营的态度更为审慎。一方面，他接受来自共产主义国家的援助；另一方面，又通过与西方世界的接触来平衡国内过于依赖苏联的趋势[1]，塞古·杜尔在 1959 年、1962 年、1979 年、1982 年四次访美。

几内亚独立后，以美国为首的大国都渴望到几内亚弥补法国撤走

---

[1] «Aide soviétique à la Guinée», *Le Monde*, 1959 Août 28.

后留下的真空①，美国是最早承认几内亚独立的国家之一，1958年11月1日，时任美国总统的德怀特·戴维·艾森豪威尔（Dwight David Eisenhower）致函总理塞古·杜尔，承认几内亚共和国，1959年2月13日，美国成立驻科纳克里大使馆。1959—1962年，杜尔两次访美。美国国际开发署和世界银行向几内亚提供8500多万美元的贷款以开发铝土矿，此外，参加开发的欧洲及美国公司也美国筹集了一亿美元②。在1961年4月肯尼迪上台后，肯尼迪派遣外交特使访问几内亚，尽管会晤标志着两国之间的外交接触，但由于冷战背景和双方在意识形态上的差异，几内亚与美国之间的关系并未实现实质性的改善。塞古·杜尔继续寻求与社会主义阵营的合作，而美国在冷战时期对社会主义国家持保留态度，因此，虽然会晤提升了两国之间的外交沟通，但并未在短期内带来重大的政治或经济变化。1970年葡萄牙武装入侵几内亚后，时任美国总统的尼克松宣布向几内亚提供476万美元的援助，1971年1月，杜尔写信给尼克松表示几内亚愿意同西方，特别是与美国保持良好的合作关系③。20世纪80年代初，几内亚经济情况越来越困难，杜尔政府宣布执行经济政策逆转，与西方国家重新建立关系，杜尔前往美国寻求西方投资以开发其储量资源巨大的矿产。

二 兰萨纳·孔戴时期的外交政策

1984年3月26日，几内亚独立后的国家元首艾哈迈德·塞古·杜尔总统去世。总理路易斯·兰萨纳·贝阿沃吉（Louis Lansana Beavogui）被任命为临时总统。然而，4月3日，兰萨纳·孔戴领导了一场推翻政府的军事政变。

---

① 菲利普·贝尔奈尔：《谍海孤舟——法国情报部门一个负责人的自述》，华汶译，世界知识出版社1981年版，第282页。
② 各国概况编辑组：《各国概况》（上），人民出版社1972年版，第386页。
③ 各国概况编辑组：《各国概况》（上），人民出版社1972年版，第386页。

第五章 对外关系

在外交方面，兰萨纳·孔戴在其执政期间采取了一种谨慎而平衡的外交政策，与多个国家和地区保持合作与对话。孔戴在执政生涯中清醒地认识到几内亚是发展中国家，要依靠外国的帮助来发展经济。他有明确的外交要为国家经济发展服务的思想，他奉行全方位开放的外交政策。在重点争取西方发达国家援助的同时，积极争取中东石油富国的援助和努力发展同非洲国家，以及伊朗、马来西亚等伊斯兰国家的合作①。

在与邻国的关系中，几内亚致力于维护地区的和平稳定，积极参与非洲联盟、西非国家经济共同体（Communauté économique des États de l'Afrique de l'Ouest）等地区性组织，旨在加强与周边国家的经济和安全合作，以促进地区稳定和发展。几内亚系法语国家，但孔戴更重视几内亚同周边两个英语国家塞拉利昂和利比里亚的关系。他一上台就同这两个近邻建立了良好关系。在20世纪80年代，他同时任利比里亚总统的多伊（Samuel Kanyon Doe）和塞拉利昂总统莫莫（Joseph Saidu Momoh）的关系非常密切，被誉为"西非三兄弟"。他很少出国访问，但每年都要到塞拉利昂和利比里亚访问，甚至一年去访问几次。20世纪90年代，利、塞两国都发生了政局变动，多伊在内战中被打死，莫莫被推翻。孔戴将莫莫接到几内亚。孔戴同时很快就邀请塞新总统访问几内亚，继续同塞新政权保持睦邻友好关系。几年来孔戴为重建几、塞、利三国友好关系与地区稳定做了大量的工作②。

几内亚也致力于加强与其他发展中国家的合作，推动南南合作和共同发展议程，于1988年和1996年两次访问中国。与此同时，兰萨纳·孔戴执行"全方位外交"，同样重视发展同欧盟、美国、日本等国家的关系。

---

① 吴清和：《几内亚总统兰萨纳·孔戴》，《西亚非洲》2014年第5期。
② 吴清和：《几内亚总统兰萨纳·孔戴》，《西亚非洲》2014年第5期。

三 阿尔法·孔戴时期的外交政策

2008年12月22日,兰萨纳·孔戴总统逝世,卡马拉发动军事政变上台。阿尔法·孔戴率先垂范,号召反对党联盟、工会及公民社会成员奋起反抗,要求卡马拉顺应历史潮流,即刻还政于民。阿尔法·孔戴赢得2010年的总统选举后,发表了热情洋溢的就职演说,重申将励精图治,力促几内亚强势回归。

孔戴主张增进几内亚与国际社会的政治互信,制定更有活力的外交新政策。2016年7月,几内亚成为非洲首个与以色列恢复外交关系的主要伊斯兰教国家,结束了几内亚自1967年以色列对耶路撒冷的控制后与以色列断绝外交关系的局面。他倡导加强同非洲国家和新兴大国的交流合作,积极参与非洲地区事务,多次参与邻国之间的斡旋和调解工作。2017年1月30日,在非洲联盟首脑会议上,孔戴总统当选为2017年度非洲联盟轮值主席,几内亚因而在非洲联盟中发挥更重要的作用。

孔戴与美国互动频繁,2011年7月,孔戴应邀赴美访问。2014年8月,孔戴赴美出席首届美非领导人峰会(U.S.—Africa Leaders Summit)。2015年4月15日,孔戴同塞拉利昂、利比里亚总统一道在华盛顿会见时任美国总统的奥巴马,介绍埃博拉疫情形势和疫后重建规划。2017年5月,孔戴总统赴沙特阿拉伯首都利雅得出席美国—伊斯兰国家安全峰会。2018年11月,孔戴总统会见来访的美国负责非洲事务的助理国务卿纳吉(Tibor P. Nagy)。2019年9月,孔戴总统访美,会见美国国务卿迈克·蓬佩奥(Mike Pompeo)。

在与中国的关系上,孔戴在其执政前虽与中国官方接触甚少,但在担任旅法非洲学联主席时,与中国留学生一起在世界大学生联合会工作,对中国革命怀有好感。1964年中苏论战,孔戴支持中国,号召非洲学生拥护中国,并在世界大学生联合会年会上,同中国学生一同抨击苏联强权政治。孔戴坦言,自己始终追随中国革命的脚步,是毛泽东思想的坚定信仰者，熟读法文版《毛泽东选集》，甚至在会见到访的中国高层和重要企业家代表团时，经常随口引述《毛主席语录》和《毛泽东选集》。

当选总统后，孔戴积极主张发展对华关系和推动双边合作。2010年12月8日，也就是最高法院确认其当选总统后的第五天，孔戴在官邸会见了中国驻几内亚大使。2011年9月首次访华，出席夏季达沃斯论坛。9月14日，时任国务院总理温家宝在大连会见阿尔法·孔戴。① 两天后，时任国家主席胡锦涛在北京亲切会见了孔戴。② 孔戴在接受英国《金融时报》专访时表示几内亚和中国之间是双赢关系，中国是几内亚在发展中的重要战略伙伴，批驳中国在非推行"新殖民主义"的谬论。

四 马马迪·敦布亚的外交政策

2010年，阿尔法·孔戴当选为新一任几内亚总统，随后于2015年连任。原本该国宪法规定总统任期不得超过两届，但2020年几内亚宪法公投之后，总统任期被延长，孔戴的任期也被"重置"，并在选举舞弊的争议中成功当选连任第三届任期。另外，阿尔法·孔戴执政下的几内亚经济依赖矿产开发，大部分利润被权贵中饱私囊，民众却不能从中受益，加之新冠疫情的冲击，导致几内亚经济不振，孔戴更于经济低迷之时宣布大幅加税及提高燃油价格以重新充实国库，引发民怨并导致大规模示威，孔戴却以更严厉手段铁腕镇压反对派，导致民怨更为激烈。2021年9月5日，政变领导人、几内亚特种部队上校马马迪·敦布亚在国家电视台发表声明称，政变部队已掌握国家政权并扣押孔戴，并宣布解散现政府。2021年10月1日，马马迪·杜姆布亚宣誓就任临时总统。基于孔戴的统治招致民怨，几内亚民意似

---

① 王莉、管克江：《温家宝会见出席二〇一一年大连夏季达沃斯论坛年会的外国政要》，《人民日报》2011年9月15日第2版。

② 杨晔：《胡锦涛会见几内亚总统》，《人民日报》2011年9月17日第1版。

乎对政变表现出广泛支持。

敦布亚在就职演讲中表示，他将与国家团结和发展委员会（Comité National du Rassemblement pour le Développement）一起致力于重建几内亚社会公平正义，实现国家政权平稳过渡。他还表示，将遵守几内亚此前与国际伙伴达成的共识。在国际社会中，相反于几内亚民众的支持，联合国、非洲联盟、西非国家经济共同体等多个国际组织以及法国、美国等国家纷纷谴责此次政变，并要求立即释放总统孔戴。但与此同时，塞拉利昂总统朱利叶斯·马达·比奥（Julius Maada Bio）于2021年10月11日访问科纳克里，这次访问打破了几内亚自2021年9月5日阿尔法·孔戴权力终结以来一直处于的孤立状态。2022年9月21日，马马迪·敦布亚在西非国家经济共同体峰会前访问马里共和国，这是他自2021年9月5日掌权以来首次出访，受到马里总统阿西米·戈伊塔（Assimi Goïta）的欢迎。

由于担心几内亚不稳定局势加剧，美国与几内亚启动谈判，2021年12月，美国副助理国务卿迈克尔·冈萨雷斯（Michael Gonzales）访问几内亚。2022年12月，几内亚外长莫里桑达·库亚特（Morissanda Kouyaté）在9月前往纽约和华盛顿参加联合国大会后访问美国。

第二节　与大国的关系

一　同法国的关系

1958年，戴高乐提出"法兰西共同体"的提议，在给各殖民地一些自由权利的同时仍对其实施表面上看起来可以接受的控制。尽管西非各殖民地的领导人都清晰了解法兰西共同体的实质，但是他们都没有进行直接的反对。在要求投票的14个国家中，有13个国家接受他的提议，只有几内亚拒绝了，9月28日，几内亚投票拒绝加入法兰西共同体。此等结果彻底惹怒了戴高乐,他下令与几内亚"脱钩":在短时间内撤出在几内亚各部门各行业的法国行政和技术工作人员,尽可能并且尽快地撤走或毁坏在几内亚的各类设施和设备,立即中止对几内亚的财政支持并取消几内亚向法国出口的优惠待遇等。

1963 年,直到几内亚独立 5 年后,法国才承认几内亚共和国的身份,两国建交,但两年之后,几内亚政府指责法国与"反几阴谋"有牵连,故双方宣布断交。

20 世纪 70 年代,几内亚开始缓和与法国的外交关系,在时任联合国秘书长发言人的安德烈·勒文(André Lewin)的游说下,1975 年两国重新建立外交关系。1975 年 7 月,安德烈·勒文被任命为第一任法国驻几内亚大使。时任法国总统的瓦莱里·吉斯卡尔·德斯坦(Valéry Giscard d'Estaing)于 1978 年 12 月对几内亚进行正式访问,进一步修复了两国之间的关系。1979 年,两国签订《文化科学技术合作协定》(Accord de CoopéRation Culturelle, Scientifique et Technique),标志两国合作关系的全面恢复。

20 世纪 80 年代,两国关系继续好转,1982 年 9 月,塞古·杜尔 25 年来首次前往法国,受到爱丽舍宫受到时任总统的弗朗索瓦·密特朗(François Mitterrand)的欢迎。1983 年,塞古·杜尔邀请法国政府非洲政策首席顾问雅克·福卡尔(Jacques Foccart)到几内亚首都科纳克里会面,双方在会面时表示将放下过去,雅克·福卡尔在回忆此次会面时称"非常好,非常有趣,甚至非常感人"。①

1984 年以后,兰萨纳·孔戴执政期间,两国关系更是全面升温。两国领导人多次互访。1986 年,时任法国总统从弗朗索瓦·密特朗首次访问几内亚,两国建立了一些初步的合作框架;1987 年,兰萨纳·孔戴年对法国进行了正式访问;两年后,兰萨纳·孔戴再次访法;

---

① André Lewin, «Jacques Foccart et Ahmed Sékou Touré», Les Cahiers du CRH, 2002, https://journals.openedition.org/ccrh/712.

1996年，时任几内亚总理的西迪亚·杜尔（Sidya Touré）访问法国，两年后再度访法；1999年，时任法国总统的雅克·勒内·希拉克（Jacques René Chirac）访问几内亚。此外，兰萨纳·孔戴还在1988年、1994年、1996年和1998年的非洲法国峰会（Sommet Afrique-France）与法国政要进行会晤。

2008年12月几内亚发生军事政变后，法国表示希望几内亚遵守宪法，并与军政权保持一定交往。2010年几内亚总统选举后，法国宣布恢复与几内亚正常合作。阿尔法·孔戴就职后访问法国10余次。2011年，阿尔法·孔戴访问法国，是其担任总统以来首次在非洲大陆以外进行正式访问，孔戴与时任法国总统的尼古拉·萨科齐（Nicolas Sarkozy）会谈，法国承诺向几内亚提供了500万欧元的援助。同年5月，孔戴作为萨科齐的特邀嘉宾，赴法出席八国集团峰会有关活动。2012年7月，孔戴总统访法并与时任法国总统的弗朗索瓦·奥朗德（François Hollande）举行会谈，奥朗德表示支持几内亚经济、社会改革。2013年12月，孔戴赴法出席非洲法国峰会。2014年11月，奥朗德访问几内亚，是埃博拉疫情暴发后到访的首位非洲以外国家元首，除了与孔戴会谈外，奥朗德还视察了东卡医院巴斯德实验室，与抗击埃博拉疫情有关各方举行圆桌会议，参观无国界医生诊疗中心和穆罕默德五世宫，并接见法国在几内亚侨民。2016年11月，时任外交部部长的让-马克·埃罗（Jean-Marc Ayrault）访问几内亚。2017年3月，时任法国法国环境部部长的塞格林·罗雅尔（Ségolène Royal）访问几内亚。2017年4月，阿尔法·孔戴对法国进行正式访问，同年11月，孔戴赴法出席几内亚《2016—2020年国家经济和社会发展计划》筹资会。2018年10月，时任外交和欧洲事务国务秘书的让-巴蒂斯特·勒莫尼（Jean-Baptiste Lemoyne）访问几内亚，同年11月，孔戴赴法出席纪念第一次世界大战结束100周年活动。2019年初，法国前总统奥朗德和萨科齐分别以私人身份访问几内亚。2019年8月，阿尔法·孔戴再次访问法国，参加纪念第二次世界大战盟军普罗旺斯登陆75周年活动。2020年12月,让-巴蒂斯特·勒莫尼以国务秘书的身份再次访问几内亚,参加阿尔法·孔戴的就职典礼。

在经济方面,法国是几内亚重要援助国,多年来向几内亚提供了大量投资和援助,法国曾免除了几内亚7900万欧元的债务。2018年11月,法国驻几内亚大使代表法国政府与几内亚财政部部长签署经援协议,根据协议,法国援外署向几政府赠款2350万欧元,主要用于帮助几内亚政府偿还部分内债,此外,这笔资金还用于食品安全、乡村发展、扶贫等项目。同年12月,法国援外署非洲司司长带团访问几内亚,表示将在2019年向几内亚援赠1.3亿欧元,用于职业培训、教育、清洁等项目。根据联合国贸易和发展会议(United Nations Conference on Trade and Development)的统计数据,2021年,几内亚的外国直接投资存量达到51亿美元。2021年,外国直接投资流量额为1.73亿美元,相较于2020年的1.76亿美元略有下降。根据法兰西银行(Banque de France)的统计数据,2021年,法国在几内亚直接投资存量为1.94亿欧元,而法国在几内亚的直接投资流量为1700万欧元,较2020年的900万欧元有所增加。法国开发署(Agence Française de Développement)通过《减债和发展合同》等在几内亚开展贷款和援助组成的项目组合,首个合同于2013年6月签署,第二期于2016年7月签署,2013—2021年,涉及总额1.675亿欧元,其中第一期,即2013—2016年,约为7500万欧元,第二期,即2017—2020年,约为9100万欧元,涉及的优先领域包括农业和农村发展、基础教育、职业培训等。截至2023年7月,法国开发署在几内亚现有的项目组合约30个,除了上述领域外,还涉及电力基础设施和城市基础设施领域。

此外,根据2022年8月的统计数据,几内亚在法国的贸易伙伴中位列113,占法国对外出口额的0.036%。法国有80多家公司企业在几内亚开展业务,博洛雷集团(Bolloré)、法国航空公司(Air France)、法国兴业银行(Société Générale)、巴黎银行(BNP

Paribas)、道达尔能源公司（Total）等在其各自领域都颇具优势。据法国海关统计，2022年法国与几内亚之间的贸易额达1.97亿欧元，较2021年增长0.3%。法国对几内亚的出口额增长了11.4%，达到1.71亿欧元。医药产品仍然是法国在几内亚的最大出口类别，约1900万欧元。法国从几内亚的进口大幅下降，下降约40%，2022年降至2550万欧元。法国从几内亚的进口主要是贵金属，尤其是黄金，占进口总值的58%。较2021年占进口总值的54%，铝土矿的购买量减少，法国贸易顺差在2022年大幅增加，增加至31.2%，达到1.458亿欧元。

几内亚爆发埃博拉疫情后，法国是几内亚抗击埃博拉疫情的主要参与者之一。2014—2015年，援助达1.58亿欧元，超过1.5亿欧元用于恢复阶段。此外，法国承诺完成几首都东卡医院改造并运营管理，另在几建成巴斯德实验室、两个埃博拉治疗中心、一个转运中心和一个培训中心。

二　同美国的关系

美国是几内亚主要援助国之一，美国与几内亚始终保持密切关系。几内亚和美国同属多个国际组织，包括联合国、国际货币基金组织、世界银行和世界贸易组织。根据《2012年美国全球领导力报告》(*2012 U. S. Global Leadership Report*)，89%的几内亚人认可美国的领导力，8%的人不认可，3%的人不确定，这是当时整个非洲乃至全世界对美国最有利的评价。

美国国际开发署（United States Agency for International Development）在几内亚目前的核心项目主要在初等教育、家庭健康、民主治理以及自然资源管理等领域。美国国际开发署驻几内亚代表团旨在提高几内亚优质卫生服务的利用率并加强当地民主治理。具体体现在美国国际开发署开展一系列行动，以支持"总统防治疟疾行动计划"（President's Malaria Initiative）和"全球卫生安全计划"（Global

Health Security Initiative），旨在加强卫生系统的建设并改善几内亚人的健康状况。民主和治理计划的重点是促进地方自主权和促进公民参与几内亚的建设与发展。美国国际开发署通过有针对性的投资，协助几内亚政府在农业、生物多样性、环境等方面实现自立自强。通过"电力非洲计划"（Power Africa），美国政府支持几内亚加速获取现代能源，以满足几内亚不断增长的人口需求。

和平队（Peace Corps）于1962年与几内亚政府签署了一项合作协议，该协议构成了该组织迄今为止在该国开展项目的基础。第一批志愿者于1963年抵达几内亚。然而，1966年，因美国政府和几内亚政府之间的关系恶化，几内亚政府要求志愿者离开几内亚。1969年和平队再次受邀，后又因两国政府关系恶化，于1971年离开。1984年塞古·杜尔总统去世后不久后几内亚政府再次要求和平队返回几内亚。自1986年以来，该计划曾四次短暂中断：2007年，由于当时的社会动荡；2009年首都发生军事暴力事件；2014年7月，因埃博拉疫情；2020年3月，由于新冠疫情。和平队志愿者在几内亚服役期间，学习当地语言，包括法语、马林克语、基西语、普拉阿尔语和苏苏语。志愿者与社区合作，开展农业、教育、健康三个方面的项目，在农业方面，和平队的志愿者主要聚焦小农户实现粮食和营养安全、可持续生计并增强抵御能力。在教育方面，主要帮助提高几内亚学生的数学和科学技能，培养其学习及创新能力。在健康方面，主要针对孕产妇、儿童和青少年健康以减少可预防的儿童和孕产妇死亡。整体而言，和平队在几内亚有三个目标：为几内亚可持续发展提供技术援助，援助重点在个人和社区，而不是基础设施上；促进几内亚人民更好地了解美国及其价值观；促进美国人民更好地了解几内亚。

根据中华人民共和国外交部领事司的统计数据，几内亚是美国的主要贸易伙伴，尤其是在铝土矿和铁矿石开采领域。1998年以来，美国对几内亚援助总额逾2亿美元。2008年12月几内亚军事政变后，美国予以谴责并一度中止对几内亚的援助。2010年初，美国向几内亚提供了价值600万美元的各种援助用于筹备大选，并在大选期间派员前往几内亚观察。2010年年底几内亚顺利完成政治过渡后，美国与几内亚恢复正常往来。2012年12月，美国与几内亚签署协议，免除所有几对美双边债务总计9300万美元。因几内亚于2021年9月5日发生了军事政变，美国国务院宣布终止对几内亚的军队援助，但继续向几内亚政府提供救生及健康援助等以支持民主过渡等活动。2021年9月，美国向几内亚捐赠了超过330000剂新冠疫苗。截至2021年9月，自疫情暴发以来，美国国际开发署已提供超过550万美元用于改善几内亚全国卫生系统。2021年10月，美国通知几内亚政府，拜登总统决定终止将几内亚指定为《非洲增长与机会法案》（Africa Growth and Opportunity Act）下的贸易优惠受益国，2022年1月1日起生效，美国鼓励几内亚迅速举行自由公正的选举，以满足《非洲增长机会法案》的资格标准，以便几内亚和美国之间能够实现互利的贸易和投资。

三 同俄罗斯的关系

几内亚与苏联早在1958年10月4日就建立了外交关系，时任苏联最高苏维埃主席团主席克利缅特·伏罗希洛夫（Климéнт Ворошилов）传送电报给几内亚总理，宣布苏联政府承认几内亚，并愿意同几内亚建立外交关系并互派外交代表。

两国建交后，苏联随即与几内亚签署了贸易协定，并给予对方贸易上的最惠国待遇。几内亚的第一任总统塞古·杜尔采取了社会主义政策，与苏联建立了密切关系。苏联于1958年11月向几内亚提供了第一笔贷款，并为几内亚在的主要项目提供资金，特别是采矿系统、铁路、公路、教育等领域。此外，苏联还向几内亚援助了拖拉机、耕作机器、汽车、金属、压延材料、石油制品、木材和其他工业制品。除了物质援助外，苏联还帮助修建学校和军事设施，提供前往苏联接

第五章 对外关系

受技术培训的奖学金。在几内亚独立初期，苏联提供的各项援助帮助几内亚走出发展的低谷，并为几内亚经济发展提供了一定的工业基础和人才支撑。

此外，在军事方面，1955—1970年，苏联是几内亚战斗机、教练机、直升机、坦克和装甲运兵车的唯一供应商，并且提供了几内亚60%以上的运输机①。1955—1978年，共有1290名几内亚军事人员在共产主义国家接受训练，1978年当年共有330名共产主义军事技术人员在几内亚驻扎②。1959年开始，几内亚开始从苏联及其盟友国获得军事援助，在苏联驻科纳克里大使馆开设后不久后，几内亚从捷克斯洛伐克获得了武器及军事顾问的支持。援助物资包括6000支步枪、6000枚手榴弹、1000把自动手枪、约500支火箭筒、20挺重机枪、6门迫击炮、6门小口径大炮等③。在1970年葡萄牙武装入侵科纳克里期间，有报告表明，苏联和共产主义阵营还为几内亚提供了坦克、装甲运兵车和火炮支援④。

1961年12月，苏联驻几内亚大使丹尼尔·索洛德（Даниил Семёнович Солод）因"教师阴谋"被驱逐出几内亚，苏联与几内亚的关系短暂恶化。1962年1月，阿纳斯塔斯·伊凡诺维奇·米高扬（Анастас Иванович Микоян）前往几内亚，此行除了武器之外，苏联还宣布向几内亚提供1000万美元的贷款，用于补贴军事费用⑤。双方关系虽得以缓和，但随着几内亚政治走向和经济政策的变化，尤其是在兰萨纳·孔戴上台之后，双方关系逐渐降温。

---

① Thomas Mitchell Hutcheson, "Soviet foreign policy in Guinea and Somalia, implications for American policy toward Africa", Naval Postgraduate School, 1980, pp. 128-129.
② Thomas Mitchell Hutcheson, "Soviet foreign policy in Guinea and Somalia, implications for American policy toward Africa", Naval Postgraduate School, 1980, p. 146.
③ Alessandro Landolo, *Arrested Development*, Cornell University Press, 2022, p. 86.
④ Thomas Mitchell Hutcheson, "Soviet foreign policy in Guinea and Somalia, implications for American policy toward Africa", Naval Postgraduate School, 1980, p. 141.
⑤ Thomas Mitchell Hutcheson, "Soviet foreign policy in Guinea and Somalia, implications for American policy toward Africa", Naval Postgraduate School, 1980, p. 138.

20世纪90年代,苏联解体后的俄罗斯面临自身的转型和挑战,因此对外政策也发生了变化,俄罗斯与几内亚的互动减少。尽管如此,几内亚仍然与俄罗斯维持着友好的外交关系。2016年6月,孔戴访问俄罗斯,出席第20届圣彼得堡国际经济论坛,会见了俄罗斯总统普京,并出席"俄罗斯与非洲"圆桌对话会。2019年10月,孔戴赴俄罗斯出席首届俄非峰会。2022年2月,马马迪·敦布亚在科纳克里的穆罕默德五世宫接待了俄罗斯官员代表团。

在经济方面,几内亚是俄罗斯在非洲大陆经济战略的重要组成部分,俄罗斯一直在与西方国家竞争,以获取几内亚的铝土矿。2001年,俄铝与几内亚金迪亚铝土矿公司(Compagnie des Bauxites de Guinée)签订了进行25年技术管理的协议,该协议允许俄罗斯铝业联合公司在技术、设备和管理方面提供支持,以帮助几内亚金迪亚铝土矿公司更有效地进行铝矾土的采矿和生产。2002年,俄罗斯铝业联合公司在几内亚获得甸甸铝土矿的扩建改造项目,该项目将就地对铝土矿进行深加工,以增加其出口附加值。可以说,近年来俄罗斯和几内亚之间的合作主要在经济领域得到发展,以俄铝为龙头企业,在管理人员培训和医疗方面也有合作[①]。

第三节 同中国的关系

几内亚与中国的友好交往有着源远流长的历史。自1959年中几建交以来,两国在经济、贸易、文化、教育、卫生以及国际事务等领域开展了良好合作。中国向几内亚援建了广播电视中心、人民宫、丁基索水电站、总统府、科纳克里体育场、中几友好医院等建筑设施。

---

① Alexandre Brégadzé, «La Russie est de retour en Guinée», Jeune Afrique, 2018 Octobre 19, https://www.jeuneafrique.com/649408/politique/tribune-la-russie-est-de-retour-en-guinee/.

第五章　对外关系

几内亚中央银行2015年5月发行了2万几内亚法郎的新版纸币，卡雷塔水电站项目（又称凯乐塔水利枢纽工程）的工程形象成为该版纸币的背面图案。自从埃博拉疫情结束以来，几内亚经济状况逐渐恢复，并出现积极的发展势头。近年来，中几两国政治互信不断增强，经济互利合作不断发展，双边在贸易、工程承包、劳务和投资等方面的合作不断扩大、深入。

一　双边政治关系

中国是世界上第一批承认几内亚独立的国家之一，几内亚也是撒哈拉以南非洲第一个与中国建交的国家。在几内亚于1958年10月2日宣布独立之后，新共和国总统塞古·杜尔向东西方所有国家发送电报，以获取世界对几内亚共和国的承认。毛泽东主席和周恩来总理对几内亚发来的电报给予了认可与积极回应，时任国务院副总理兼外交部部长陈毅致电塞古·杜尔："中华人民共和国政府已经决定承认几内亚共和国"①。同年11月，塞古·杜尔致电表示希望几中两国建立正常的外交关系。

几内亚独立后的第一年因法国切断了粮食供应，外汇短缺、自身稻谷歉收，遭遇严重的粮食危机。1959年2月，路易斯·兰萨纳·贝阿沃吉（Louis Lansana Beavogui）率团访问中国期间，请求中国政府无偿提供1.5万吨大米，并提出最好在6月前先供给5000吨应急，1959年5月上旬，中国为几内亚提供5000吨大米并运往科纳克里港，缓解了几内亚的燃眉之急②。次年，又因米荒向几内亚提供1万吨粮食。而1959—1961年，中国面临中华人民共和国成立以来最严重的经济困难，在这样的历史背景下，中国的"倾囊相助"无疑奠定了中

---

① 《我国承认几内亚共和国　毛主席周总理陈外长致电热烈祝贺》，《人民日报》1958年10月9日第1版。
② 中共中央文献研究室科研管理部：《中共中央文献研究室个人课题成果集（2013年）》（上），中央文献出版社2014年版，第379页。

国和几内亚的外交关系基础。

尽管中国政府在几内亚宣布独立后就承认了几内亚共和国，塞古·杜尔在致电表示了同中国建立外交关系的愿望，但两国之所以在1959年才建交，一方面是因为中国在撒哈拉以南非洲国家当时并没有外交代表机构，联络不畅；另一方面，以美国为首的西方国家对新中国实行封锁和禁运政策，竭力阻止中国的影响扩展到撒哈拉以南非洲国家，阻挠几内亚同中国建立外交关系①。1959年10月1日，几内亚政府代表、几内亚教育部部长巴里·迪亚万杜（Barry Diawadou）访问中国，应邀出席中华人民共和国成立十周年庆祝典礼。②1959年10月4日，几内亚不顾西方压力，陈毅和巴里·迪亚万杜在发展两国关系问题上达成一致，几内亚成为撒哈拉以南非洲地区第一个与中国建交的国家，拉开了中非外交的序幕。③1960年1月，中国在几内亚首都科纳克里开设大使馆，自此以后，几内亚与中国的合作交往大幅增加。

几内亚与中国的建交从某种程度上直接影响了其他非洲国家与中国的关系，自从中国在1959年与几内亚建交后，中国在未来的五年时间里，与加纳、马里、乌干达、肯尼亚、布隆迪、刚果、中非、赞比亚、贝宁等非洲国家陆续建立了外交关系。在1971年第26届联合国大会上，几内亚投票支持恢复中华人民共和国在联合国的一切合法权利，表示坚定支持一个中国原则，并与其他非洲兄弟国家一起支持中国恢复联合国合法席位。

建交以来，中几两国始终相互尊重信任、平等相待，两国关系在国际风云波折中始终保持健康稳定发展，历届政府高度重视对华关系，注重同中方相向而行，发挥好两国传统友谊深厚、经济互补性强等优势，积极拓展各领域务实合作。

---

① 吴清和：《几内亚》，社会科学文献出版社2015年版，第207—208页。
② 《几内亚共和国政府代表到京》，《人民日报》1959年10月1日第7版。
③ 《我国和几内亚建立外交关系》，《人民日报》1959年10月5日第1版。

第五章 对外关系

1960年9月,塞古·杜尔带领几内亚政府代表团访华,他是当时第一位访问中国的非洲国家元首①,于该月10日至15日在中国访问近一周,并最终签署了两国之间的第一份合作协议——《经济技术合作协定》,由中国为几内亚提供工业、能源和农业等项目的援助。协定规定,中国给予几内亚以无息的不附带任何条件和特权的贷款,贷款金额为1亿卢布;中国在上述贷款金额内向几内亚派遣技术专家、技术人员和熟练工人,提供技术援助,提供成套设备、器材和技术以及其他物资,帮助培养几内亚共和国的技术人员和熟练工人②。1964年1月,周恩来总理访问几内亚,受到了热烈的欢迎与款待。

根据中华人民共和国外交部的统计,自1964年时任国务院副总理兼外长陈毅两次访问几内亚后,一直到1978年10月,时任国务院副总理耿飚才再次访问几内亚。此后,在20世纪80年代,双方的重要访问有塞古·杜尔于1980年5月访问中国,时任国务院副总理兼外长黄华于1981年11月访几,时任国务院总理1982年12月访几,兰萨纳·孔戴于1988年7月访问中国。不难看出,随着两国政治形势的发展和经济体制的改革,两国之间的合作形式发生了一些变化。一方面,1971年中国在联合国恢复合法席位以后外交重心发生了变化,尤其是改革开放以后自身经济建设压力增大,援助力度减轻;另一方面,几内亚在兰萨纳·孔戴执政期间对外实行全方位开放的经济政策,实则更多地面向西方国家。

20世纪90年代,双方的重要访问有:时任国务委员兼外长的钱其琛于1992年1月访几,时任国务院副总理李岚清于1995年11月访几,时任外交部长唐家璇于1998年6月访几。兰萨纳·孔戴继1988年访华后,1996年6月再度访华。90年代后期,中国对几内亚的援助力度又开始加强,援建了几内亚总统府。

---

① 《中国几内亚发表联合公报和缔结友好条约》,《人民日报》1960年9月14日第1版。
② 中共中央文献研究室科管管理部:《中共中央文献研究室个人课题成果集(2013年)》(上),中央文献出版社2014年版,第380页。

几内亚

21世纪以来，中几高层间的交往日益增多，两国政治互信不断增强，经济交流日益深化。2000—2011年，通过各种媒体报道，在几内亚大约有31个中国官方的项目，这些项目包括2008年在基佩（Kipe）建造的一所拥有150个床位的中几医院，2007年约520万美元的援助计划，以及卡雷塔大坝75%由中国进出口银行提供的援助金额。

这一时期中方的重要访问有：时任全国政协副主席陈锦华于2000年7月访问几内亚；时任国务院副总理黄菊于2005年11月访问几内亚；时任国土资源部长徐绍史于2008年10月作为胡锦涛主席特使出席几内亚独立50周年庆典。

几内亚方面重要的来访有：时任总理拉明·西迪梅（Lamine Sidimé）于2000年9月访华，江泽民在接见西迪梅时，表达了对几内亚的友好感情和将两国合作打造成中非合作典范的强烈愿望。时任经济和社会理事会主席米歇尔·卡马诺（Michel Kamano）于2000年3月访华，2000年10月，总统府外交合作部长卡马拉·哈贾·玛哈瓦·邦古拉（Camara Hadja Mahawa Bangoura）来京出席中非合作论坛——北京2000年部长级会议，2001年8月再次访华，时任外交部长马马迪·孔戴于2004年10月、2006年8月、2006年11月来华出席中非合作论坛北京峰会。时任国民议会议长阿布巴卡尔·松帕雷（El Hajj Aboubacar Somparé）于2008年7月访华。时任总理艾哈迈德·蒂迪亚内·苏瓦雷（Ahmed Tidiane Souaré）于同年8月来华出席北京奥运会开幕式。

随着阿尔法·孔戴总统上台，中几双方关系更加亲近深入，中国为近年来几内亚的高速发展提供了不容小觑的力量。中国方面在这一时期派出时任外交部长杨洁篪于2011年2月、外交部长王毅于2015年8月、国务委员杨洁篪于2017年3月、全国人大常委会副委员长武维华于2019年11月访几。几内亚方面，阿尔法·孔戴于2011年9月来华出席第5届夏季达沃斯论坛并访华。2011年9月16日，胡锦

第五章 对外关系

涛在北京亲切会见了阿尔法·孔戴。胡锦涛表示,中方愿同几方共同努力,把两国关系提高到新的水平。政治上,两国高层领导人、政府部门、立法机构要加强交往,推动合作。经济上,双方要共同落实好达成的共识和成果,深挖合作潜力,拓宽合作领域。人文上,双方要为两国人民扩大友好交往创造更多有利条件,进一步增进两国人民的相互了解和友谊。在国际和地区事务中,双方要加强团结协作,推动国际社会更多关注和支持非洲,共同促进世界的和平与发展。① 此外,时任几内亚外交部部长爱德华·尼昂科耶·拉马(Edouard Nyankoye Lamah),时任几内亚国际合作部部长穆斯塔法·库图布·萨诺(Moustapha Koutoubou Sano)于 2012 年 7 月出席中非合作论坛第五届部长级会议,时任几内亚外交部部长法尔(François Lonseny Fall)于 2015 年 2 月作为伊斯兰组织巴勒斯坦和耶路撒冷问题部长联络小组成员来华参会,时任经社理事会主席迪亚洛(Mamadou Cellou Diallo)于 2016 年 7 月访华。

阿尔法·孔戴于 2016 年 10 月对华进行国事访问,2017 年 9 月来华出席新兴市场国家与发展中国家对话会,2018 年 9 月来华出席中非合作论坛北京峰会。2016 年几内亚总统孔戴访华期间,与中国国家主席习近平一起,两国全面战略伙伴关系的条款。② 并于 2017 年访华参加新兴国家与发展中国家对话会和 2018 年中非合作论坛北京峰会期间,与习近平主席进行了富有成果的会谈,规划了中几合作项目,开启中几全面战略合作伙伴关系新时代。2018 年 9 月 1 日,国家主席习近平在人民大会堂会见几内亚总统孔戴,中几双方签署了共建"一带一路"合作文件,为中国自 2013 年提出的"一带一路"倡议增添了伙伴,使其更具国际力量。③ 2019 年 10 月 4 日,中国国家主席习近

---

① 《胡锦涛会见几内亚总统》,《人民日报》2011 年 9 月 17 日第 1 版。
② 《习近平同几内亚总统孔戴会谈》,《人民日报》2016 年 11 月 3 日第 1 版。
③ 赵成、杜尚泽:《习近平分别会见出席中非合作论坛北京峰会的部分非洲国家领导人》,《人民日报》2018 年 9 月 2 日第 1 版。

平同几内亚总统孔戴互致贺电，庆祝两国建交 60 周年。习近平主席表示愿同孔戴总统一同努力，以两国建交 60 周年为新起点，把握好共建"一带一路"和中非合作蓬勃发展的历史性机遇，巩固友好互信，深化务实合作，不断推动中几全面战略合作伙伴关系向前发展，更好造福两国和两国人民，为构建更加紧密的中非命运共同体作出积极贡献。从某种意义上说，正是阿尔法·孔戴使正在"新丝绸之路"上大踏步前进的中国与正在寻求基础设施发展的几内亚找到了利益共同点，两国联系才更为紧密。2021 年在塞内加尔举行的中非合作论坛第八届部长级会议期间，国务委员兼外长王毅同几外长库亚特（Morissanda Kouyaté）举行会见。

2021 年 9 月 5 日，政变领导人马马迪·敦布亚率领政变部队扣押孔戴、关闭边境并解散政府。次日，外交部发言人在例行记者会上表示：中方反对政变夺权，呼吁立即释放孔戴总统。我们希望各方保持冷静克制，从几内亚国家和人民的根本利益出发，通过对话协商解决相关问题，维护几国内和平与稳定。"2022 年 12 月 5 日，几内亚过渡政府总理贝尔纳·古穆（Bernard Goumou）亲赴驻几使馆吊唁江泽民同志。2023 年 3 月 28 日，驻几内亚大使黄巍会见几内亚计划和国际合作部部长罗丝·波拉·普利斯穆（Rose Pola Pricemou），就中几关系、双边合作等共同关心的问题交换意见，双方表示愿为几内亚实现和平、包容的过渡进程共同发挥积极作用，携手努力，推动中几两国全面战略合作伙伴关系行稳致远。

二 双边经济贸易关系

几内亚视中国为最可靠的合作伙伴，两国经济贸易相关合作不断深化。几内亚所处地理位置优越，矿产丰富，被誉为"地质奇迹""西非粮仓""西非水塔"，其铝土矿储量占世界总储量的三分之二，且拥有世界上最大的铁矿石储量。可以说，几内亚具备农业发展的一切条件：良好的土地、理想的气候和丰富的水资源，以及得天独厚的自然条件。对中国来说，几内亚无疑是一个理想的合作伙伴。而就几内亚本身而言，中国拥有与其互补的资产，即丰厚的资金、先进的技术和优秀的设备。经济技术援助在中几关系发展过程中扮演了重要角色，帮助几内亚解决独立和经济建设过程中的实际困难，对其发展具有深远影响。

建交以来，中国为几内亚援建了广播电视中心、人民宫、金康和丁基索水电站、自由电影院、总统府、医院等。1960年9月，中几签订贸易与支付协定。20世纪60年代，几内亚与中国还签署了为国民议会大厦建造援助协议，中国成套设备出口公司先后在几内亚组织实施了中国在非洲的第一批援外成套项目，包括火柴和卷烟厂、水电站、茶叶试验站等。1962年，中国的援助使几内亚拥有了第一家工厂——几内亚卷烟火柴厂（Agence Nationale des Tabacs et Allumettes），结束了几内亚长期进口火柴和卷烟的历史。

20世纪70年代，中国对外援助力度加大，援建几内亚最大的糖厂布赫比耶糖厂（Sucrerie de Boke）、康康砖厂（Usine de Briques de Kankan）等；对几内亚卷烟火柴厂再次援助扩建和技术升级，增加产品种类，提高生产能力。1972年，中国又援建了巴朗烟草试验站以解决烟厂原料问题。几内亚卷烟火柴厂被誉为"模范工厂"，为几内亚国民经济发展和建设作出了巨大贡献，几内亚卷烟火柴厂的成功，不仅在几内亚，在非洲许多国家也产生了重大影响。

在最初的二十年里，中几两国总共实施了大约30个合作项目。截至1985年初，两国之间签订了约18项技术、经济、文化、商业合作协议以及金融和商品贷款。自1985年起，中国公司进入几内亚劳务市场。1986年开始，由于几内亚政治变化和经济定位的变化，双边合作放缓。1986—2008年，中国除了向几政府提供各种捐款外，还签署了8笔无息贷款。1988年7月，两国签订贸易协定。20世纪90年代，中国与几内亚渔业公司租赁和销售中国船只的协议，授权23艘中国拖网渔船在几内亚作业。1995年11月,两国成立双边混合委员会,迄已召开5次会议,最近一次于2011年在科纳克里举行。2008年,几内亚与中国谈判的全面发展规划侧重农业领域,其中包括复垦开发1万公顷土地,在四大自然区域建设通往农产品市场的基础设施及农业水利建设①。

2012年和2013年,中国与几内亚的合作建立了新的方向,中国德瑞集团进入几内亚房地产市场,在首都科纳克里滨海新区的黄金地段投资建设了大型房地产项目——钻石广场项目(Diamand Plaza),于2015年2月建成开盘,有效地解决了科纳克里现存的一些问题,实现城市的可持续发展,帮助几内亚实现发展目标,成为几内亚首都科纳克里一道亮丽的风景线,是迄今为止几内亚最现代化、最高档、规模最大的房地产项目。

几内亚素有"西非水塔"美誉,具有较丰富的水利和水电资源,但是电力紧缺成为制约几内亚经济发展的瓶颈,几内亚目前的电力供应主要基于与中国的合作。

2011年8月13日,几内亚经济和财政部与中国水利电力对外有限公司签署了卡雷塔水电站的建设合同。2015年卡雷塔水电站投产发电后,改善了几内亚能源结构,提高了几内亚国家电网供电的可靠性和稳定性,极大缓解了几内亚电力紧缺的现状,解决了几内亚首都科纳克里及周边地区长期电力短缺问题,对促进几内亚国民经济发展、改善当地人民生活有着深远的影响。

在卡雷塔水电站竣工仪式3个月后,两国的合作迈上新台阶,于2015年12月22日启动了苏阿皮蒂水电站的建设,项目于2016年4月1日开工,2021年6月25日竣工验收,项目由中国进出口银行提供优惠买方信贷,中国企业负责建设实施,是西非地区目前最大水电

---

① Nankouman Keita, «60 années de coopération sino-guinéennes. Quels sont les acquis?», Chine Magazine, 2019 Mai 8, https://www.chine-magazine.com/60-annees-de-cooperation-sino-guineennes-quels-sont-les-acquis/.

站,几内亚最大的能源电力项目,被誉为"西非的三峡工程"。苏阿皮蒂水电站的建成投产,不仅解决了几内亚的供电问题,还改善了西非区域电力能源供应现状,水电站生产的多余电能还能输送至塞内加尔、几内亚比绍、塞拉利昂、利比里亚和马里等周边国家,在推进西非的电力互联互通的进程中扮演极其重要的角色,使几内亚成为西非电力输出国。

值得一提的是,在苏阿皮蒂水电站项目实施过程中,项目基本实现了本地化就业,既解决了当地居民的就业问题,又通过岗前培训和在职指导为当地培养了5000多名各类技术工种人才。项目联合业主还与中方企业共同选拔了30名几内亚学员前往中国接受为期18个月的专业培训以进一步参与电站的施工建设和运行维护工作。此外,2015年6月,中法两国就开展第三方市场合作达成共识,并发布第三方市场合作的联合声明,支持两国企业在第三方市场开展国际产业、产能和装备制造合作。苏阿皮蒂水电站项目由法国特克贝尔工程咨询公司担任技术顾问和电力市场研究顾问,是中法两国在非洲合作的典范项目之一①。

阿尔法·孔戴曾坦言,几内亚有两大怪,第一怪是几内亚号称"地质奇迹",地下蕴藏着丰富的矿产资源,但几内亚人民却很穷;第二怪是几内亚号称"西非水塔",水利水电资源十分丰富,但几内亚却既缺水又缺电。中国水电对外公司建设的卡雷塔水电站帮助几内亚解决了电力的问题,给几内亚三分之一的国土送去了电力和光明。中国水利电力对外有限公司克服了埃博拉疫情的严峻挑战,不仅没有因为埃博拉疫情延期,反而比合同预定工期提前,且高质量地完成了卡雷塔水电站的建设。卡雷塔水电站装机容量240兆瓦,是几内亚原有装机容量的两倍,为缓解几内亚严重缺电的瓶颈发挥了巨大的作用。

---

① 张如军、刘加华、郭亮辉:《"西非三峡"打通区域电力联通之路》,《中国投资》2021年第3、4期。

至于判断其造价是否过高，有比较才有鉴别，法国人在20世纪90年代建设的格拉菲里水电站，每兆瓦造价超过600万美元，而卡雷塔水电站每兆瓦造价不到200万美元。此外，几年前，法国公司也曾就卡雷塔水电站报价，当时法方的报价9亿多美元，且装机容量低于240兆瓦。中国水利电力对外有限公司的造价才4亿美元。从上述2组数据的对比中，人们自然能得出正确的判断。卡雷塔水电站不仅仅是一项普通的基础设施建设工程，还是一个标志、一种象征、一个梦想成真、一个证明，证明几内亚实现人人有电是可能的。

2017年，中国和几内亚政府签署了一项200亿美元的基础设施合作框架协议。该协议规定几内亚向中国公司授予几内亚矿产资源和采矿特许权，作为回报，中国公司将在2017—2036年分批支付，向几内亚提供总额达200亿美元的基础设施融资。这标志着中几经济合作进入新的阶段，合作规模达到历史新高，对几内亚基础设施建设提供了重要支持。事实上，中国企业在几内亚早已开始投资铝矿：2008年9月，国家电力投资集团获得几内亚博凯地区的铝矾土资源勘探证，面积2269平方千米；2010年10月，河南国际矿业开发有限公司获得几内亚490平方千米铝土矿开发特许权；2014年，山东魏桥创业集团有限公司组建了联合财团，获得几内亚铝土矿的开采权。

2018年9月，中国与几内亚签署"一带一路"合作文件，在能源、基础设施建设、教育和卫生等领域开展合作，为两国扩大发展深化务实合作提供了良好契机。孔戴表示，希望未来有更多的中国企业与银行来到非洲，中非之间能够在新技术领域加强合作。除此之外，中国在数字信息领域发展迅速，而非洲对电子产品的需求非常旺盛，非洲是全世界手机的主要市场之一，因此他表示十分欢迎中国数字信息领域的企业到几内亚投资。孔戴指出："非洲积极参与'一带一路'建设，并能够从中获益"，他表示，当前"一带一路"第一阶段之中，东非国家是主要受益者，因此他希望"一带一路"能够延伸到西非，让西非也能够充分参与"一带一路"。谈及西方对中非合作的质疑声音，孔戴总统表示，"中国对于非洲来说是一个机遇，非洲对中国也是机遇……非洲的落后，在于能源领域、基础设施、教育和医疗卫生。但是现在非洲与中国的合作覆盖了这些领域。所以我们非常看好中非合作。"①

近年来，越来越多的中国企业在几内亚投资兴业，中国在成为非洲第一大贸易伙伴之后，又成为非洲第一大的投资来源国。中国和几内亚的合作方式和领域日益多元化，双方在水电、交通、矿产、通信等领域的各大项目落地，促进了双边经济贸易快速发展。2021年6月，中企承建的几内亚达圣铁路正式通车，该铁路是几内亚自20世纪70年代以来建造的第一条现代化铁路。

近年来，中几贸易获得长足发展，按总进口量计算，中国已成为几内亚第二大进口来源国。中国向几内亚的主要出口商品有纺织品、服装、鞋帽、箱包、日用品、小五金、搪瓷用品、蚊香、医药、电脑、通信、轮胎、小型农机具、拖拉机、发电机、建材等；主要进口商品有海产品、木制品、铝矿产品等。2021年，中国与几内亚双边贸易额49.6亿美元，同比增长13.9%。其中，中方出口21.6亿美元，同比增长12.9%，进口28亿美元，同比增长14.6%。

据中国商务部统计，中国企业对几内亚直接投资约4.9亿美元。截至2021年末，中国对几内亚直接投资累计9.59亿美元。2022年，双边贸易额约68.1亿美元，同比增长37.7%，其中，中方出口22.8亿美元，进口45.3亿美元。据中国商务部统计，2021年中国企业在几内亚新签承包工程合同71份，新签合同额92.49亿美元，完成营业额11.01亿美元。累计派出各类劳务人员3212人，年末在几内亚劳务人员6442人②。

---

① 《几内亚总统孔戴：非洲对中非合作更加坚信不疑》，人民网，2018年9月5日。
② 商务部国际贸易经济合作研究院、中国驻几内亚大使馆经济商务处、商务部对外投资和经济合作司：《对外投资合作国别（地区）指南——几内亚（2022年版）》，内部文件，2023年，第28—30页。

三 文化、教育、卫生等方面的交往与合作

建交60年来,中国无条件地向几内亚提供基础设施、教育和卫生方面的援助。

几内亚有多个友华组织,"毛泽东届校友会"成立于1975年,由科纳克里大学第9届毕业生组成,由塞古杜尔总统亲自命名;2007年,几内亚华侨华人总商会(几内亚统促会)成立;2008年9月,几内亚福建同乡会成立;2010年,几中友协暨几中商会成立,成员主要包括"毛泽东届校友会"校友、赴华留学生以及赴华参加培训的行政和技术人员。

通过出版不同国家的历史或文学作品,可以让读者更多地了解一个民族的文化背景和历史传统,增进文化理解,中国与几内亚在文化方面的互动离不开出版行业。

目前,中国针对几内亚的出版物主要分为以下几类:

第一,是仅针对几内亚展开介绍的专著及译著,主要有:1978年,上海译文出版社组织翻译并出版了约阿希姆·福斯(Joachim Voss)所著的《几内亚》中译本;1979年,商务印书馆出版法国作家让·许勒-卡纳尔(Jean Suret-Canale)的《几内亚共和国》;2002年,中国对外经济贸易出版社出版《几内亚经贸投资指南》;2005年,吴清河编著《几内亚》一书,由社会科学文献出版社出版,后多次再版;2009年,吉林人民出版社出版阿榕所著《886,几内亚!——援非的日子》;2012年,石成梁出版摄影集《发现几内亚》,由中国摄影出版社出版;2012年,元春华等编《几内亚 地质矿产与矿业开发》,由地质出版社出版;2017年,《一带一路沿线国家法律风险防范指引(几内亚)》由经济科学出版社出版;2022年,中国地质大学出版社出版由胡鹏等人编著的《几内亚优势矿产资源及矿业开发》。

第二,是出版物的内容中涉及对几内亚的介绍,如1972年人民出版社出版的《各国概况》,从历史、政治、经济、外交等方面对几

内亚进行了全面的介绍；1976 年，甘肃人民出版社组织翻译出版了英国作家怀特（H. P. White）和克利弗（M. B. Gleave）所著的《西非经济地理》；2013 年，周弘主编的《中国援外 60 年》由社会科学文献出版社出版；2022 年，陈泀梨、封学军著有《几内亚湾港口物流发展研究》，由河海大学出版社出版。

在文学领域，早在 20 世纪 60 年代，国内就译介了一批几内亚文学家的作品，如 1963 年作家出版社出版了由贾艺翻译的凯塔·福代巴（Keïta Fodéba）的《深夜》；1965 年，作家出版社出版了罗震翻译的班库拉·坎福里所著的《爱国者》和李震环、丁世中翻译的吉·塔·尼亚奈（Djibril Tamsir Niane）的《松迪亚塔》，后又由李永彩 2002 年翻译后由译林出版社出版，并于 2018 年再版；卡马拉·莱伊（Camara Laye）所著的《黑孩子》则是多次出版，先由黄新成翻译，于 1984 年由重庆出版社出版，后又由少年儿童出版社于 1989 年出版，此版的译者李国桢选用了《神奇的黑孩儿》的书名。

在教育方面，中国自 1973 年起开始接收几内亚奖学金留学生，根据外交部的统计数据，2022 年几内亚在华留学生 414 人。中国致力于帮助几内亚推进人才建设，长期向几内亚提供奖学金和培训机会。自 1973 年以来，众多几内亚学生获得中国政府奖学金来华留学。截至 2022 年 6 月，科纳克里大学孔子学院共培养了 37 名各类奖学金获得者，其中有 2 人在 2022 年还获得了硕士奖学金[①]。

近年来，随着两国各领域交流稳步推进，几内亚民众学习汉语、了解中国的热情高涨。2017 年，国家汉办与几内亚科纳克里大学签署联合设立科纳克里孔子学院的协议，组建几内亚的第一所孔子学院，2018 年 4 月正式开课，孔子学院的建立和发展，为几内亚青年提供进一步了解中国的机会；2017—2018 年，几内亚苏阿皮地水利枢纽工程

---

① 刘浩：《几内亚汉语教学发展与汉语人才培养：现状、问题和对策》，《中国投资》2022 年 11 月。

业主人员培训项目由三峡集团中水电公司委托河海大学实施，为期一年半，学员系统掌握了水电站建设运行、管理维护等基础和专业知识，全面认知了中国水电技术在全球的引领地位以及中华文化，97%的学员通过了汉语水平三级考试（HSK3），是校企合作模式下服务国家"一带一路"倡议、实施国际化水电开发人才培养的典型案例；2020年，在几内亚师范大学的支持下，孔子学院开始协助该校建立中文系，开设本科汉语专业，并于2021年5月招收首批汉语专业学生；2021年10月30日，杨凌职业技术学院、科纳克里大学、科纳克里大学孔子学院三方签订了项目合作协议；2023年5月20日，第22届"汉语桥"世界大学生中文比赛几内亚赛区预选赛决赛在科纳克里大学举行。

根据相关学者的研究，几内亚目前汉语教学有以下特点：汉语教学由"数量"向"质量"转变；由"一般类"向"本土化"转变；由"语言教学"向"语言+职业技能"转变。几内亚目前汉语人才培养以20—30岁的青年为主，绝大部分学生是出于自身发展，尤其是就业和学历深造方面的考虑，小部分学生出于自身兴趣。根据调查，几内亚的汉语人才在就业机遇、薪资待遇、晋升机会、企业认可度等方面颇具优势，并且获得了更多的留学机会。

在医疗方面，1967年12月，中几签订关于中国向几派遣医疗队议定书。中国自1968年6月起向几内亚派遣医疗队，截至2023年8月，中方已向几内亚派出29批医疗队，主要包括中医科、胸外科、神经内科、心内科、麻醉科、神经外科、骨科、普外科、医学影像学、重症医学、肾内科等科室医生，以及手术室护士、药剂师等人员。中国医疗队累计700余人次为提升当地医院诊疗水平、缓解几内亚民众病痛作出巨大贡献。根据2023年7月的统计数据，中国在几内亚驻有20名医疗队员。

中国援建的中几友好医院于2012年4月正式启用。2019年，国家卫生健康委和北京市卫生健康委启动了"中几友好医院神经医学中心建设"项目，并委托首都医科大学宣武医院实施，帮助中几友好医院全方位提升医疗卫生服务水平。中国第28批援几内亚医疗队自抵达之日起便积极致力于神经医学中心建设，受国家卫生健康委及北京市卫生健康委的委托，协助购买并分次捐赠了450余万元中心建设所需设备器材，编写了11册神经医学相关学科诊疗规范，开展了多项新技术、新业务，实现了几内亚和中几友好医院医学技术多个零的突破，以神经医学辐射相关学科综合全面发展，协助中几友好医院建成几内亚第一个神经外科显微实验室并举办首届培训班、打造"神经医学专家大讲坛、多学科临床病例学术沙龙"两个线下培训项目、推动"几内亚神经医学业务骨干线上培训项目"实施、培养了多批几内亚医学业务骨干，为中几卫生领域合作提供人才保障。通过线上线下、国内国外、公卫临床等形式，切实落实"30个中非对口医院合作机制"，加强医院感染管理专科建设、防疫培训、学术交流，努力推动中几双方在公共卫生领域的合作，为几内亚留下一支带不走的医疗队[①]。2022年1月19日，中几友好医院神经医学中心揭牌仪式在几内亚首都科纳克里举行。中国援建的几内亚中几友好医院二期项目2023年8月1日在几首都科纳克里移交使用，中几友好医院已初步成为几内亚乃至西非地区具有影响力的医学中心，实现了几方提出的"神经医学、急危重症和创伤等专业治疗不出几内亚"的愿景。

2014年，埃博拉病毒，一种致死率极高的病毒在几内亚大地上出现，是当时几内亚有记录以来最严重的一次疫情，已经成为目前全球性的公共卫生事件，打破了这片土地的安宁，几内亚暴发埃博拉疫情后，中国政府率先驰援，先后向几内亚提供4轮物资、粮食、现汇等紧急人道主义援助，并用包机将抗疫物资第一时间送抵

---

① 《中几友好医院神经医学中心建设项目总结暨揭牌仪式隆重举行》，首都医科大学宣武医院网站，https://xwhosp.com.cn/，2022年1月21日。

疫区。

当时埃博拉疫情在几内亚持续流行，医务人员感染率高，截至2015年4月16日，几内亚共报告埃博拉感染者3566例，死亡2348例。值得注意的是，其中，医务人员感染187人，死亡94例，60名医务工作人员在10月初至12月底受到感染，占该国同期感染总人数近40%。这些数据表明，几内亚在院感控制和公共卫生体系的建设上有着很大的不足，医务工作者和社区工作者的个人防护知识极度匮乏[1]。

中国政府在2014—2015年，数次派出公共卫生和医疗专家协助抗击疫情和培训当地医护人员，以"授人以渔"的援外模式，为几内亚培训包括政府工作人员在内的1600多名公共卫生和社区医疗服务人员。随后，为支持联合国在疫区复苏进程中继续发挥领导和协调作用，中国政府将向联合国应对埃博拉疫情多方信托基金追加提供500万美元现汇捐款，为应对埃博拉疫情做出了实质性贡献。此外，包括中国医疗队成员、工作人员和本国公民在内的中国医疗专家一直坚守在几内亚，卡雷塔水电站项目没有一个员工脱离岗位，无一例病毒感染，卡雷塔水电站提前投产发电，书写了中几两国共克时艰的一段佳话。

2020年，两国再度携手抗疫。几内亚暴发新冠疫情以后，中国政府和民间各界向几方提供多批抗疫物资援助，中国政府派遣抗疫医疗专家组赴几内亚，支持当地疫情防控。中国援几医疗队积极参与当地抗疫，不仅考察了医院，还专门走访了居民住所、贸易市场等，根据当地实际情况提出切实可行的防疫建议和方案，为几内亚疫情防控提供了重要支持[2]。

---

[1] 代丽丽、李宁等：《几内亚医务工作者及社区工作者埃博拉防控知识培训模式探索及效果评估》，《西北医学教育》2015年第5期。

[2] 崔琦、王骁波：《"几内亚的可靠朋友和真诚伙伴"》，《人民日报》2023年2月14日第3版。

第四节 同其他亚洲国家的关系

一 同日本的关系

日本于1958年11月14日承认几内亚独立。此外，日本还是1958年12月几内亚加入联合国决议的共同提案国之一。1972年，几内亚在东京都开设驻日本大使馆，1976年，日本在科纳克里设立大使馆开设驻几内亚大使馆。2018年2月，日本国际协力机构（Japan International Cooperation Agency）在科纳克里开设办事处。

21世纪以来，日本十几位参议员、众议员及外务副大臣访问几内亚，几内亚亦有近20位政府高层访问日本，其中双方重要的高层的互动有：2013年6月，孔戴在日本出席第五届东京非洲发展国际会议；2016年，孔戴赴尼亚出席第六届东京非洲发展国际会议；2017年6月，孔戴对日本进行首次正式访问，日本向几内亚提供2亿日元援助，孔戴与时任日本首相安倍晋三还发表了日本和几内亚联合声明；2019年8月，孔戴出席第七届东京非洲国际发展横滨峰会，同安倍晋三举行会谈。

早在20世纪80—90年代，日本在亚洲国家中是向几内亚提供援助最多的国家，主要以低息长期贷款和赠款方式援助几内亚[①]。根据统计，1978—2005年，日累计向几内亚提供各类援助约5.55亿美元。此后，2006年，日本向几内亚提供220亿几内亚法郎用于实施科纳克里市政供水项目。2007年，日本提供援助约1000万美元。2010年，几内亚大选前，日本向几内亚提供了1.3万个投票箱。同年，日本与联合国妇女儿童基金会签订协议，提供130万美元的援助用于改善几内亚妇女、儿童的健康。此外，2010年与2011年，日本分别向几内

[①] 吴清和：《几内亚》，社会科学文献出版社2015年版，第212页。

亚提供了580万美元和100万美元粮食援助。2012年，日本分两次向几内亚提供共200万美元的粮食援助。2014年，日本为联合国系统在几内亚援助项目提供总额为280万美元的资金支持。此外，通过"草根无偿援助计划"（Dons Aux Micro-Projets Locaux Contribuant à la Sécurité Humaine），日本近年在几内亚建立了一所艾滋病临床研究中心，一所红十字中心，数个阅读点，数所学校，此外，还或重建或扩建了数所学校。

近年来，日本与几内亚的合作重点建立在三个有助于可持续发展优先领域上，即粮食安全、经济基础设施发展和基本社会服务的改善，以上三大支柱均以东京非洲发展国际会议（Conférence Internationale de Tokyo sur le Développement de l'Afrique）的发展动向和原则为基础。

在粮食安全方面，2015年6月，日本国际协力机构在其"非洲水稻发展联盟倡议"（Coalition pour le Développement de la Riziculture en Afrique）下，购买了价值为470285美元的420吨大米，用于援助受埃博拉疫情打击的几内亚人民。2022年8月，世界粮食计划署从日本获得50万美元紧急援助，用于几内亚的粮食安全，这项资助在2022年7—12月帮助约14250人，分发共220吨食品。

在基础建设方面，在2013年第五届东京非洲发展国际会议期间，日方向几内亚承诺修建卡卡大桥（Kaaka），后因2014年埃博拉疫情，根据世界卫生组织的建议，日本工人被迫暂时撤离。将近两年后，在疫情结束后返回几内亚，并于2017年6月完工。该桥耗资1310亿几内亚法郎，取代20世纪40年代殖民时期建造的旧桥。

2021年5月，日本国际协力机构与几内亚政府签署了一项金额为222.7亿日元的捐赠协议，用于国家公共卫生研究所（Institut National de Santé Publique）的建设项目。该项目是日本国际协力机构全球新倡议的一部分，旨在促进健康和医疗领域，加强医疗保健系统，以应对全球传染病流行。通过基础建设与设备安装，旨在加强几内亚国家公共卫生研究所的诊断、监测、培训和研究等能力。

2022年12月，日本驻几内亚大使和马马迪·敦布亚上校为位于科纳克里的卡波罗渔港开发项目（Projet d'Aménagement du Port de Pêche Artisanale de Kaporo）揭幕，该项目价值约116亿几内亚法郎，依托日本国际协力机构，由日本建筑公司承建，是几内亚和日本合作的支柱项目之一。该项目旨在改善港口进出及流通条件，提高鱼类处理及储存的能力，并为鱼类销售创造了良好条件和必要的服务。

在经济合作方面，据统计，截至2019年，日本对几内亚的贷款总额达160亿日元，援助605.01亿日元，技术合作87.95亿日元。几内亚对日本的出口额在2021年达到6.5407亿日元，主要向日本出口金、铜、鱼类等，进口额为9.4506亿日元，主要是建筑机械、运输设备、橡胶制品等。

2018年11月，日本驻几内亚大使与几方签署了《日本与几内亚技术合作与海外志愿者计划协议》（Accord de Coopération Technique et de Programme des Volontaires Japonais pour la Coopération à l'Étranger Entre le Gouvernement du Japon et le Gouvernement de la République de Guinée），该协议是为简化几内亚和日本之间的合作项目派遣日本专家的法律文书，进而确保双方能够进一步加强经济和技术合作，该协议将有助于日本在几内亚对多个领域进行管理层培训，实现技术和知识的援助，派遣日本代表团支持几内亚的技术人员进行经济和社会发展项目和计划的研究，这与几内亚《2016—2020年国家经济和社会发展计划》（Plan National de Développement Economique et Social）正好契合①。

---

① Justin Morel, «Guinée-Japon: les deux pays signent un accord de coopération», *Guinee Conakry Online*, 2018 Novembre 15, https://guineeconakry.online/2018/11/15/guinee-japon-les-deux-pays-signent-un-accord-de-cooperation/.

二 同越南的关系

根据 1954 年的《日内瓦协议》规定，17°N 为分界线将今天的越南社会主义共和国分裂：北部为越南民主共和国，由越南劳动党执政；南部在越南末代皇帝阮福晪的统治之下，后又举行全民公决，废除皇帝，建立越南共和国。

越南与几内亚都曾是法属殖民地，越南于 1945 年宣布独立。几内亚于 1958 年获得独立后，同时得到了北部及南部的外交承认①，因几内亚在建国初期奉行"积极的中立主义"的外交政策，优先发展与社会主义阵营国家的关系，几内亚于 1958 年 10 月 9 日与越南民主共和国建立外交关系，几内亚也由此成为非洲各国中的第一个与越南建交的国家。越南于 1960 年在科纳克里设立使馆，但因财政困难于 1986 年 12 月撤出，至今仍未复馆。目前对几内亚的相关事务由越南驻摩洛哥大使馆兼辖。几内亚对越南的相关事务则由几内亚驻华大使馆兼辖。

塞古·杜尔在两国建交后不久就于 1960 年访问越南，并得到了越南时任国家主席胡志明的接见。在越南统一后，时任越南国家副主席的阮友寿和阮氏萍分别于 1978 年和 1994 年出访几内亚。21 世纪以来，几内亚国际合作部部长、工商部部长、总统外交顾问、外交部部长分别于 2006 年、2013 年、2016 年及 2018 年访问越南。时任越南国家主席陈大光在与时任几内亚外交部部长马马迪·杜尔（Mamadi Touré）见面时指出，为了进一步加强越南与几内亚关系，促进双方合作深入发展，充分发挥现有潜力，建议各方加强各级特别是高层代表团互访，越南愿与几内亚发展多领域合作关系，在农业、通信、石油等领域加强合作，希望几内亚为越南投资者、企业了解并进军两国市

---

① Giant Stride Forward, *Republic of Guinea*, *First Year of Freedom*, Information Service of the Embassy of Guinea to the United States, 1959, p. 18.

场创造便利条件。

在经济交流方面，2008—2014 年，在南非资助的三方农业合作项目下，越南派出了 14 名农业专家和技术人员。作为几内亚大米主要供应国之一，仅 2011 年，越南向几内亚出口大米金额创历史高达 7800 万美元，2013 年 3 月，两国签订大米贸易备忘录，2013 年 8 月，几内亚、南非、越南三方签订关于改善几内亚粮食和蔬菜第二阶段生产的协议。除了大米以外，越南还向几内亚出口纺织服装、香烟、建筑材料、化工产品、自行车、摩托车零配件、肥料、农业机械等商品；进口腰果、木材、矿产、钢铁废料等。据统计，2019 年，越南与几内亚双边贸易额达到 1.2 亿美元，较 2018 年的 8790 万美元大幅增长。

三 同朝鲜和韩国的关系

朝鲜与非洲国家的合作有着悠久的历史，其根源在于金日成对非洲解放运动的支持，这种支持"为朝鲜带来了持续至今的善意"。1958 年，几内亚获得独立后，朝鲜与韩国在外交上都第一时间给予了承认[1]，但塞古·杜尔优先发展与包括朝鲜在内的社会主义阵营国家的关系，于 1958 年 10 月 8 日与朝鲜民主主义人民共和国建交。几内亚是撒哈拉以南非洲各国中，第一个与朝鲜建交的国家，也是少数设有朝鲜大使馆的非洲国家。但是几内亚尚未在朝鲜设立大使馆，对朝鲜的相关事务则由几内亚驻华大使馆兼辖。

不结盟运动在成立后不久几内亚就开始关注朝鲜问题，几内亚自 1961 年加入不结盟运动以来，与其他成员国对朝鲜持同情和支持的态度。1970 年 9 月，第三次不结盟国家和政府首脑会议在赞比亚首都卢萨卡召开，几内亚国民议会议长莱昂·马卡在闭幕会议上发言谴责帝

---

[1] Giant Stride Forward, *Republic of Guinea*, *First Year of Freedom*, Information Service of the Embassy of Guinea to the United States, 1959, p. 18

国主义将朝鲜分割成南北两个部分①。作为不结盟运动的成员国，朝鲜积极在不结盟国家粮食和农业领域开展工作。

朝鲜对几内亚的援助与合作主要在农业方面，1981年6月，不结盟国家粮食和农业协调国第二次会议在平壤召开，朝鲜在会议上承诺在几内亚设立区域农业研究中心，为西非的农业发展提供服务②。次年，朝鲜在几内亚建立了基利西金日成农业科学研究所（Centre de Recherche Agronomique Kim Ⅱ Sung de Kilissi），隶属于几内亚农艺研究所（Institut de Recherche Agronomique de Guinée），截至2022年3月，该中心已经培育出30个水稻品种、20个玉米品种和15个花生品种，这些经过改良的品种可以更好地满足几内亚的粮食需求，如某些稻米品种具有抗铁毒性。2020年，朝鲜大使李宗庆（Ri Chong Gyong）与议长阿马杜·达马罗·卡马拉（Amadou Damaro Camara）在近三十分钟的听证会上，特别讨论了两国之间自几内亚独立以来就建立起的双边关系，特别是在农业、技术和文化领域③。2022年4月，李宗庆会见几内亚农业和畜牧业部部长马马杜·纳尼亚朗·巴里（Mamadou Nagnalen Barry），双方签署了一项卫生合作协议，朝鲜将派出30名技术人员前往几内亚。

2006年8月28日，韩国与几内亚才建立正式外交关系，此后两国关系持续友好发展。2011年，几内亚政府决定在韩国设立大使馆，但至今仍未启用，对韩国的相关事务由几内亚驻日本大使馆兼辖，韩国亦尚未在几内亚设立大使馆，对几内亚的相关事务由韩国驻塞内加尔大使馆兼辖。

---

① 《第三次不结盟国家和政府首脑会议胜利闭幕》，《人民日报》1970年9月12日第5版。

② V. Mikheyev, V. Tsupikov, 《The DPRK'S role in the Nonaligned movement》, *Far Eastern Affairs*, No. 3, 1988. 转引自蔡芸《朝鲜与不结盟运动关系研究（1975—1991）》，硕士学位论文，湖北大学，2020年。

③ Mohamed Bangoura, «Coopération: le président du parlement reçoit l'ambassadeur de la Corée du Nord en Guinée», *Mosaique*, 2020 Decembre 7, https://mosaiqueguinee.com/2020/12/cooperation-le-president-du-parlement-recoit-lambassadeur-de-la-coree-du-nord-en-guinee/.

第五章 对外关系

在2006年以前，虽然两国暂未建交，但两国也有一些高级别访问交流，如1984年4月，韩国代表团访问几内亚。1987年2月，时任奥林匹克组织委员会副总干事的全尚镇（Jun Sang-jin）访问几内亚。1988年，几内亚派出代表团参加了在汉城举办的夏季奥运会。几内亚则有数位部长和高层在2006年前多次访韩。

两国建交以后，2011年6月，时任韩国能源资源大使金殷石（Kim Eun Seok）率领民官联合使节团访问几内亚，得到了阿尔法·孔戴的接见，两国就资源开发、基础设施建设、农业、交通等领域的合作交换了意见。2011年，韩国石油公社已经在几内亚的6个矿区进行石油勘探，几内亚政府鼓励韩国企业对几内亚矿藏加大投资①。2012年5月，几内亚参加了在韩国丽水市举办的2012年世界博览会，阿尔法·孔戴率团出访韩国，与时任韩国总统的李明博（Lee Myung-bak）就两国政府加强矿产及基建开发合作达成了协议。2022年10月，农林畜产食品部部长郑煌根（Chung Hwang-Keun）会见几内亚农业和畜牧业部长马马杜·纳尼亚朗·巴里（Mamadou Nagnalen Barry），双方就水稻种植、农业技术等方面展开交流。韩方表示，通过韩国—非洲粮食和农业合作倡议（KAFACI），2023年向水稻合作注入300万美元，并支持几内亚的一项学校餐厅项目。此外，两国建交以来，几内亚外交部、国际合作部、酒店及旅游部、矿业和地质部、体育部、渔业和海洋经济部数位部长分别于2006年、2009年、2011年、2012年以及2013年访问韩国②。

韩国对几内亚的援助与交流主要体现在农业、渔业及公共卫生等方面，2014年8月，韩国国际协力团（Korea International Cooperation Agency）向几内亚政府捐赠了价值达13万美元的"非接触型"红外线体温计以防止埃博拉疫情的进一步扩散③。2015年7月，韩国政府

---

① 《几内亚总统呼吁韩国企业投资于当地矿业》，韩联社2011年6月21日。
② 因几内亚政权几次更迭，部分部门的名称与本届政府稍有不同。
③ 《韩国无偿援助机构拟向几内亚捐赠红外线体温计》，韩联社2014年8月11日。

宣布为包括几内亚在内的非洲埃博拉疫情国家提供 500 万美元援款，以协助疫后重建工作①。2022 年 4 月，韩国新任大使受到渔业和海洋经济部长夏洛特·达费（Charlotte Daffe）的接见，就双方在渔业方面加强合作展开磋商②。2023 年 7 月，韩国启动旨在将韩国大米品种和农业技术传播至非洲，帮助当地大米生产增长的"韩国大米带"（K-Ricebelt）项目，该项目旨在向包括几内亚在内的非洲国家普及韩国大米品种，并提供农业技术支援，韩国农食品部将在加纳、冈比亚、几内亚、几内亚比绍、塞内加尔等 8 国建立水稻种子生产园，每个生产园面积为 50 万—100 万平方千米。此外，韩国政府还允诺将支持当地建立生产基础设施，提供农业机械、农药、肥料等物资③。

据统计，2020 年，韩国与几内亚双边贸易额达到 8000 万美元，其中韩国从几内亚进口 4900 万美元，向几内亚出口 3100 万美元。

第五节　同非洲国家的关系

几内亚北邻几内亚比绍、塞内加尔和马里，东邻科特迪瓦，南与塞拉利昂和利比里亚接壤，西濒大西洋。几内亚重视发展同邻国的友好合作关系，并在西非国家经济共同体（Communauté Économique des États de l'Afrique de l'Ouest）、尼日尔河流域组织（Autorité du Bassin du Niger）、马诺河联盟（Union du fleuve Mano）、冈比亚河流域开发组织（Organisation pour la Mise en Valeur du fleuve Gambi）和塞内加尔河流域开发组织（Organisaiton pour la Mise en Valeur du Fleuve Sénégal）中

---

① 《韩政府决定为埃博拉疫区国家提供 500 万美元援款》，韩联社 2015 年 7 月 10 日。

② «Coopération: la République de Guinée et la Corée du Sud raffermissent leur relation historique dans le domaine des Pêches», Guineesignal, 2022 Avril 14, https：//www.guineesignal.com/2022/04/14/cooperation-la-republique-de-guinee-et-la-coree-du-sud-raffermissent-leur-relation-hist orique-dans-le-domaine-des-peches/.

③ 《韩国启动助非洲大米增产"大米带项目"》，韩联社，2023 年 7 月 10 日。

发挥了积极作用。

西非国家经济共同体是西非的一个区域性经济合作组织，于1975年5月28日在尼日利亚拉各斯由16个国家共同签订《西非国家经济共同体条约》后成立，总部设在尼日利亚首都阿布贾。西非国家经济共同体的宗旨为促进西非地区国家的经济一体化，推动成员国经济、社会和文化上的发展与合作。几内亚于1975年加入，因2008年的军事政变而被终止成员国资格，2011年恢复，2021年再次因军事政变暂停成员国资格。爱德华·本杰明（Édouard Benjamin）于1993—1997年、兰萨纳·库亚特（Lansana Kouyaté）于1997—2002年担任该组织的执行秘书长，塞古·杜尔于1983—1984年，兰萨纳·孔戴于1984—1985年担任主席。

尼日尔河流域组织是尼日尔河流域区域性多边合作组织，于1980年11月21日在几内亚成立，由贝宁、布基纳法索、喀麦隆、科特迪瓦、几内亚、马里、尼日尔、尼日利亚和乍得九国组成。该组织成立的宗旨是协调各成员国为开发尼日尔河流域资源制定政策，制订和执行开发流域的整体发展规划，组织共同工程、项目的勘测、设计、实施和维护。该组织促进成员国之间的合作，确保资源的综合开发，协调成员国能源、农业、林业、交通、通信和工业资源的开发，尤其是水和水电资源，一直致力于制订"流域综合发展计划"，对跨境项目尤为关注。第38届部长理事会于2019年10月11日在几内亚首都科纳克里召开，时任几内亚总理福法纳主持会议。

马诺河联盟于1973年由塞拉利昂和利比里亚发起成立，目的是实现地区经济一体化，其实质是一个关税及经济同盟组织，1980年几内亚加入。20世纪80年代以来，由于利比里亚和塞拉利昂先后发生内战，该联盟名存实亡。随着利比里亚内战结束和塞拉利昂民选政府恢复执政，重新启动马诺河联盟被提上议事日程。2004年5月20日，马诺河联盟三国领导人召开峰会，联盟重新启动。2007年4月，马诺河联盟首脑会议在科纳克里举行。科特迪瓦后于2008年加入。2010

年，时任几内亚总统的阿尔法·孔戴执政以来，缓解了与利比里亚的关系，并积极推动马诺河联盟国间的友好往来，联盟活动活跃。2012年，马诺河联盟第21届首脑会在几内亚首都科纳克里召开。2013年5月，该联盟第23届峰会在科纳克里召开，四国就促进地区一体化、防控埃博拉疫情等问题进行了磋商，阿尔法·孔戴当选轮值主席，任期一年。2016年6月24日，马诺河联盟第24峰会在几内亚科纳克里举行。会议审议了联盟有关工作报告，并就联盟秘书处改组、埃博拉疫后发展计划、地区安全形势等问题进行了讨论。在2021年几内亚政变后，12月5日，利比里亚外交部长率马诺河联盟代表团访问几内亚，代表团中有联盟秘书长和塞拉利昂国防部部长等。在此次访问中，利比里亚外交部长重申马诺河联盟承诺，即陪伴几内亚政府过渡。

冈比亚河流域开发组织成立于1978年，现有冈比亚、塞内加尔、几内亚比绍、几内亚4个成员国。冈比亚河是西非地区唯一的可以通航海船的河流，鉴于非洲跨境河流历史上经常成为沿岸国家争端、冲突、纠纷的根源，四国决心努力将冈比亚河打造成"蓝色和平"（Paix Blue）之河、发展之河、希望之河。

塞内加尔河流域开发组织于1972年成立，其前身为1968年成立的塞内加尔沿岸国家组织（Organisation des États riverains du Fleuve Sénégal），几内亚于1970年退出该组织。2006年，几内亚再次加入塞内加尔河流域开发组织，该组织现有塞内加尔、马里、毛里塔尼亚、几内亚4个成员国。总部设在塞内加尔首都达喀尔。该组织负责塞内加尔河流域治理开发规划和工程实施，制订塞内加尔河流域的开发规划，以达到最大限度地利用全流域的水土资源的目的。2015年3月，塞内加尔河流域开发组织第16届成员国首脑峰会在科纳克里召开，孔戴出任新的轮值主席，任期2年。2023年7月18日，塞内加尔河流域开发组织第19届国家元首和政府首脑会议以视频方式举行。会后，几内亚过渡总统敦布亚宣布几内亚自7月18日起暂停参与塞内加尔河流域开发组织，敦布亚希望通过暂停参与该组织得到其应有的尊重。敦布亚表示，自塞内加尔河流域开发组织创建以来，几内亚的"关切和战略利益"并未始终得到考虑。如 2017 年，塞内加尔河流域开发组织宣布在马里建造古伊那水电站和在几内亚建造库库坦巴水电站，然而六年后古伊那水电站已投入运营，而库库坦巴水电站仍未完成融资。此外，几内亚在塞内加尔河流域开发组织决策机构中代表性也不足①。随后 2023 年 10 月，该组织针对几内亚的不满召开第二次国家元首和政府首脑会议以挽回几内亚②，2023 年 11 月 16 日，塞内加尔河流域开发组织第三届大会在科纳克里举行，几内亚暂别该组织数月后重返该组织。

一 同塞拉利昂的关系

塞拉利昂位于非洲西部，塞拉利昂东北部与几内亚接壤。几内亚和塞拉利昂之间的边界是法国和英国在 1882—1913 年间通过一系列协议划定的。边界的近一半长度沿着河流延伸，一些河段沿着河流的中线，而另一些沿着河岸，边界的非河段在最初划界后不久由英法委员会用界标进行了划定。

两国分别于 20 世纪中期取得独立之后，由于塞拉利昂采取保守策略而几内亚更倾向于泛非主义和社会主义，两国之间的初始关系在冷战背景下变得紧张。

几内亚是正式支持塞拉利昂加入联合国会员国的国家之一。1960 年，时任几内亚总统的塞古·杜尔访问应邀对塞拉利昂进行国事访问，这也是 1958 年几内亚独立以来的首次正式国事访问。1961 年 4

---

① OMVS, «La Mauritanie prend la présidence, la Guinée suspend sa participation», maliweb. net, 2023 Juillet 19, https：//www.maliweb.net/economie/cooperation/omvs-la-maurit anie-prend-la-presidence-la-guinee-suspend-sa-participation-3029258.html.

② OMVS, «La Guinée fait son retour», l'Essor, 2023 Octobre 20, https：//www.maliweb. net/politique/omvs-la-guinee-fait-son-retour-3040161.html.

月塞拉利昂与几内亚建交。尽管最初关系紧张，但在1964年阿尔伯特·马尔盖（Albert Margai）上台领导塞拉利昂后，双方关系得到了显著改善。西亚卡·史蒂文斯（Siaka Stevens）后在塞拉利昂掌权，几内亚军队根据要求进行干预，以帮助他继续掌权。1971年，200—300人的几内亚军队被派往弗里敦，以应对发生军事政变的威胁，一支分遣队留在了弗里敦，担任史蒂文斯的个人护卫队。这支几内亚部队人数后逐渐减少，最后于1974年全部撤回。

与此同时，塞拉利昂脱离了英联邦，1971年4月19日，通过修宪改制为共和国，史蒂文斯出任总统。1978年公民投票通过新宪法，塞拉利昂成为一党制共和国。1985年大选中，武装部队司令莫莫（Joseph Saidu Momoh）当选总统。莫莫执政后期，通过修宪完成了一党制向多党制政体的转变。1991年，福迪·桑科（Foday Saybana Sankoh）领导的革命联合阵线发动反对政府统治的叛乱，内战爆发，莫莫被年轻的瓦伦丁·斯特拉瑟（Valentine Strasser）推翻，被迫离开塞拉利昂前往几内亚。塞拉利昂自20世纪90年代以来先后陷入内战，大批难民逃入几内亚，并从此定居于此。无独有偶，前往几内亚的塞拉利昂总统除了莫莫以外，卡巴（Alhaji Ahmad Tejan Kabbah）于1996年赢得塞拉利昂总统大选后，1997年5月被军人政变推翻。卡巴逃到几内亚，继续争取国际支持。1998年2月，以尼日利亚为首的西非多国联军推翻军人政权。1998年3月，卡巴在孔戴的陪同下返回塞拉利昂重新执政，2002年成功连任总统。

塞拉利昂内战期间，几内亚派兵前往延加（Yenga）帮助塞拉利昂军队镇压联阵叛乱分子并确保两国共同边界的安全，但叛乱分子被镇压后，几内亚士兵仍留在延加。尽管两国联合声明称延加地区非军事化，在2005年同意该地区属于塞拉利昂，两国之间关于该地的问题仍然高度紧张。2013年几内亚完全撤离该地区。然而2021年初，塞拉利昂总体朱利叶斯·马达·比奥（Julius Maada Wonie Bio）在第58届西非经济共体峰会中称这一问题仍未解决。

尽管如此，几内亚同塞拉利昂虽总体上一直保持良好关系，双方高层互访频繁。2005年7月，几内亚总理赴塞拉利昂出席马诺河联盟首脑会议。2006年12月，卡巴赴几内亚出席马诺河联盟首脑会议。2007年2月，卡巴访问几内亚。

2007年9月，科罗马（Ernest Bai Koroma）当选塞拉利昂总统。同年11月，孔戴赴塞拉利昂出席科罗马的总统就职仪式。2007年9月，科罗马（Ernest Bai Koroma）访问几内亚。2008年10月，塞拉利昂国防部长和总参谋长访问几内亚。同月，科罗马出席几内亚独立50周年庆典。2009年7月，科罗马访问几内亚。2010年12月，科罗马赴几内亚出席了阿尔法·孔戴总统的就职仪式。2011年10月和2013年2月，科罗马对几内亚进行友好工作访问。2012年3月，几内亚外长访问塞拉利昂。2012年5月，孔戴会见了来访的时任塞拉利昂外长的达乌达（Joseph Bandabla Dauda）。2012年6月，科罗马赴几参加马诺河联盟首脑会议。2012年12月，科罗马访问几内亚。2014年5月，科罗马前往几内亚出席第23届马诺河联盟首脑会议。2015年2月，孔戴对塞拉利昂进行工作访问。2016年9月，科罗马赴几内亚出席西非国家经济共同体几内亚比绍问题和平会议。

2018年4月，比奥（Julius Maada Bio）当选塞拉利昂总统。2020年2月，比奥访问几内亚，就两国边境问题达成一致，同意重启解决扬加镇领土争端共同委员会机制，开展边境地区联合巡逻。2021年2月，比奥访问几内亚。2021年4月，孔戴出席塞拉利昂独立60周年庆典。2021年9月，比奥应几内亚过渡总统敦布亚邀请访几，双方就两国间安全合作、几内亚宪法秩序恢复及西非国家经济共同体民主过渡路线进行讨论。2021年10月，比奥访问几内亚。2022年10月，敦布亚访问塞拉利昂。2023年1月，比奥访问几内亚。

二 同利比里亚的关系

利比里亚位于非洲西部，北接几内亚。几内亚与利比里亚的边界最初是由法国和利比里亚于1892年使用长直线划定的，在1907年尽可能使用线性地形特征重新划定。在1911年进行了进一步的调整，形成了一条长达641千米的边界。1926—1929年，边界线进行了一些微调。

20世纪90年代以前，两国因其民族上密切的血缘联系一直保持良好的关系。1986年，几内亚同塞拉利昂、利比里亚签订了互不侵犯和安全合作的《马诺河联盟条约》。

20世纪90年代席卷利比里亚和塞拉利昂的内战对几内亚与这两个马诺河联盟成员国之间的关系产生了负面影响，1989年，利比里亚内战爆发后，几内亚和塞拉利昂向利比里亚派出维和部队。1999年，三国边境地区爆发武装冲突。尤其是在查尔斯·泰勒（Charles Taylor）担任利比里亚总统期间，1997—2003年，几内亚与利比里亚的关系开始变得紧张。1998年6月，在时任几内亚总统兰萨内·孔戴的倡议下，曾在科纳克里召开几内亚、利比里亚和塞拉利昂三国首脑会议，泰勒只派副总统出席，会议未能顺利举办。

兰萨纳·孔戴政权和泰勒政权之间结怨已久，利比里亚内战期间，几内亚支持与泰勒对抗的克罗马"尤利姆"派，泰勒对此一直耿耿于怀，泰勒上台后，两国边境摩擦不断。1999年4月起，利比里亚人和解与民主团结会（LURD）发动丛林战争，袭击了靠近几内亚边境的沃因贾马镇（Voinjama），两国交界地区爆发武装冲突，1999年9月，利比里亚武装分子袭击几内亚马桑达专区三个村，两国关系一度十分紧张，尼日利亚总统奥巴桑乔（Olusęgum Ọbasanjọ）等居间调停，但成效甚微。一年后，得到利比里亚武装分子支持的几内亚反对派袭击了几内亚东南部，虽被击退，但这些袭击造成1000多名几内亚人死亡，10万多名几内亚人流离失所。一系列事件导致几内亚和利比里亚之间的关系恶化，双方相互指责对方支持本国反政府武装。这些袭击导致几内亚支持利比里亚人和解与民主团结会对查尔斯·泰勒领导的利比里亚政府的攻击。

泰勒于2003年8月出境流亡，布赖恩特（Charles Gyude Bryant）就任临时总统，利比里亚新政府成立。利比里亚内战结束后，两国关系大大改善。2002年，三国元首在摩洛哥首都拉巴特举行会晤，决定重启马诺河联盟。2003年10月，布赖恩特前往几内亚，与时任总统兰萨纳·孔戴讨论安全相关事宜。此次会面后，几内亚和利比里亚承诺共同努力，实现西非次区域和马诺河流域的政治和社会稳定，两国关系开始回暖。马诺河联盟于2004年5月在科纳克里的一次会议上重新启动。

2006年1月16日，瑟利夫（Ellen Johnson Sirleaf）当选利比里亚总统，成为非洲历史上首位女总统。2006年12月，瑟利夫访问几内亚。2010年12月，瑟利夫赴几内亚出席了阿尔法·孔戴总统的就职仪式。阿尔法·孔戴执政后，大大缓解了与利比里亚的关系，积极推动马诺河联盟国间的友好往来。2011年1月，瑟利夫访问几内亚。2011年7月，孔戴访问利比里亚并出席第20届马诺河联盟首脑会议。2012年1月，孔戴赴利比里亚出席瑟利夫总统的就职仪式。8月，瑟利夫访问几内亚。2013年4月30日，孔戴赴利比里亚出席马诺河联盟第22届首脑会。2013年8月，瑟利夫赴几内亚出席马诺河联盟特别峰会，四国元首与世界卫生组织总干事陈冯富珍共同呼吁国际社会援助西非抗击埃博拉疫情。2015年3月，孔戴总统率外交、卫生、预算等部长访问利比里亚，与瑟利夫进行会谈。2014—2016年，几内亚与利比里亚等国积极合作，共享信息和资源，2015年6月28日，马诺河联盟抗击埃博拉疫情特别峰会在科纳克里召开，时任塞拉利昂总统的科罗马（Ernest Bai Koroma）、利比里亚总统瑟利夫等出席，各方共同应对影响该地区的埃博拉疫情，就彻底消除埃博拉疫情及涉及疫情的国家社会、经济恢复等问题进行讨论，并发表联合公报，对于疫情的控制起到积极的作用。2016年5月，瑟利夫对几内亚进行工作访问。

2017年12月27日，维阿（George Weah）当选利比里亚总统。

2019年7月,孔戴出席利比里亚独立庆典。2019年7月,维阿对几内亚进行国事访问。2019年10月,几内亚与利比里亚两国政府在利比里亚首都蒙罗维亚(Monrovia)签署合作协议。根据协议,几内亚的部分矿产资源,即宁巴铁矿(Nimba)、左格塔铁矿(Zogota)和加拿大SRG公司开采的石墨矿三个矿产资源开发项目将途经利比里亚转运出口。

三 同塞内加尔的关系

几内亚北邻塞内加尔,几内亚和塞内加尔的边界是法国政府于1915年和1933年通过法令划定的,当时两国都是法属西非殖民地。该边界大致呈东西向排列,位于马里和几内亚比绍之间,直线距离为255千米。由于边界大部分沿河流而行,边界总长度为383千米,并且在界定之后法国绘制的地图与官方法令中的描述有所偏离,这导致对至少一个边境村庄迪亚卡(Diaka)的主权归属不明确,后于2017年确认归属几内亚。但这一主权问题并非几内亚和塞内加尔之间紧张局势的根源。

1978年,几内亚与塞内加尔重新互派大使并签订友好合作条约。

2000年3月,瓦德(Abdoulaye Wade)当选塞内加尔总统。2010年12月,瓦德赴几内亚出席孔戴总统就职仪式。2011年1月,孔戴访问塞内加尔。2012年2月,时任塞内加尔总理恩迪亚耶(Souleymane Ndéné Ndiaye)访问几内亚。

2012年3月,萨勒(Macky Sall)当选塞内加尔总统。2012年4月,孔戴赴塞内加尔出席新总统萨勒的就职仪式。2012年12月,萨勒访问几内亚。2015年8月,孔戴对塞内加尔进行了3天工作访问,萨勒总统授予孔戴总统塞内加尔十字勋章。在访问期间,两国签署了《电力能源合作协议》,随孔戴总统出访的时任几内亚能源和水利部长希拉(Cheick Talibe Sylla)表示,几内亚计划与冈比亚河流域组织4个成员国共同合作开发多个水电资源项目。其中库库唐巴(Koukoutamba）水电站项目由几内亚与塞内加尔合作共同开发，该电站设计装机容量29.4万千瓦，位于几内亚境内。配套电网360千米，该电网将联通塞内加尔、马里、几内亚三国电网，形成跨境区域电网。桑巴加鲁水电站项目（Sambagalu）由冈比亚河流域开发组织开发，该电站位于几内亚与塞内加尔边境地区，装机容量12.8万千瓦，电站库区部分位于几内亚境内。

四 同科特迪瓦的关系

几内亚东邻科特迪瓦，科特迪瓦与几内亚的边界于1899年在法国殖民统治下以非常模糊的方式进行划定，边界大部分沿河流延伸，长度超过800千米。近年来，来自布基纳法索、加纳、几内亚、马里和利比里亚等国的外国侨民人口数目增长较快，目前约占人口总数的26%。

在1958年几内亚突然与法国决裂并疏远之后，塞古·杜尔采取了社会主义的国内政策，支持恩克鲁玛的泛非意识形态，并寻求与共产主义、社会主义和第三世界国家建立密切关系。当科特迪瓦在1960年独立之时是法属西非最繁荣的地方，出口占了该区域的40%，博瓦尼（Félix Houphouët-Boigny）成了科特迪瓦的第一任总统，他在任期间，科特迪瓦与西方国家，尤其是法国维持紧密的关系，实行反共外交政策。因而在这一时期，科特迪瓦与几内亚的关系因意识形态和外交倾向的不同而紧张。两国于1961年3月21日建立外交关系，1973年9月断绝，1978年4月14日恢复，几内亚与科特迪瓦重新互派大使并签订友好合作条约。

在塞古·杜尔去世后，兰萨纳·孔戴掌权，科特迪瓦与几内亚的关系，尤其是在经济方面的关系大为改善。1997年，时任科特迪瓦总统的贝迪埃（Henri Konan Bédié）对几内亚进行国事访问，1998年4月，孔戴前往科特迪瓦进行正式访问。1999年，贝迪埃出席孔戴的就职典礼。2008年2月，时任几内亚总理库亚特（Lansana Kouyaté）访问科特迪瓦。2008年10月，时任科特迪瓦总统巴博（Laurent Gbagbo）出席几内亚独立50周年庆典。2009年1月和4月，时任几内亚外长洛瓦（Alexandre Cece Loua）两度访科，同巴博就几内亚局势、双边关系等交换了意见。2010年4月，几内亚军政权领导人科纳特（Sékouba Konaté）访问科特迪瓦。

阿尔法·孔戴时期，两国保持了这一良好的双边关系。2011年5月，阿尔法·孔戴赴科特迪瓦出席时任总统瓦塔拉（Alassane Dramane Ouattara）的就职典礼。2011年12月，瓦塔拉对几内亚进行工作访问。2012年2月，时任科特迪瓦总理索罗（Guillaume Soro）访问几内亚。同月，孔戴赴科特迪瓦出席西非国家经济共同体特别峰会。2012年4月，科几合作混委会（混合委员会）第二届会议在科纳克里召开。同月，孔戴赴科出席西非国家经济共同体特别峰会。2013年1月孔戴赴科出席西非国家经济共同体阿比让特别首脑会议。2013年2月，孔戴赴科特迪瓦出席西非国家经济共同体第42届首脑会议；瓦塔拉赴几参加马诺河联盟元首定期会晤。2014年几内亚暴发埃博拉疫情后，科特迪瓦于8月宣布关闭几内亚边界，但为人道主义援助提供空中走廊，并向几内亚提供100万美元援助。2015年5月，孔戴到访两国边境城市，与瓦塔拉一起为新建的"博爱桥"揭幕。2017年10月，瓦塔拉访问几内亚。2021年3月，孔戴赴科出席时任科特迪瓦总理的巴卡约科（Hamed Bakayoko）的葬礼。

五 同几内亚比绍的关系

几内亚北邻几内亚比绍，几内亚和几内亚比绍之间的陆地边界从大西洋向东北延伸447千米，一直延伸到与塞内加尔的三角交界处。最初由法国和葡萄牙殖民者于1886年确立，并于20世纪初划定。自两国独立以来，尽管对于海域边界双方存在争执，但海牙法庭于1985年宣布两国边界保持现状，两国边界因而未进行调整。

几内亚比绍反对葡萄牙统治的运动始于20世纪50年代，几内亚

第五章 对外关系

和佛得角非洲独立党（Partido Africano para a Independência da Guiné e Cabo Verde）于 1956 年成立，其总部和训练基地设在几内亚首都，得到了时任几内亚总统的塞古·杜尔的支持。几内亚比绍一取得独立，两国就建立了外交关系，双方互设大使馆。

兰萨纳·孔戴执政期间，双方高层多次互访，直至 1998 年 6 月几内亚比绍爆发军事暴动引发内战，几内亚出兵协助维埃拉（João Bernardo Vieira）政府，1999 年维埃拉被驱逐。2003 年 11 月，时任几内亚比绍过渡总统罗萨（Henrique Rosa）访问几内亚。2004 年 1 月，罗萨赴几出席几兰萨纳·孔戴连任就职仪式。2005 年 8 月，时任几内亚比绍总统维埃拉对几内亚进行私人访问。2007 年 2 月，维埃拉访问几内亚。2008 年 3 月和 10 月，维埃拉总统两次访问几内亚。2008 年 12 月，时任几内亚总理苏瓦雷（Ahmed Tidiane Souaré）访问几内亚比绍。同月，维埃拉出席兰萨纳·孔戴葬礼。2009 年 8 月，时任几内亚比绍总理戈梅斯（Carlos Domingos Gomes Júnior）访问几内亚。2011 年 9 月，戈梅斯在出席第 66 届联合国大会期间在纽约会见了几内亚总统阿尔法·孔戴。

2012 年 4 月，几内亚比绍军方发动政变后，时任几内亚总统孔戴作为西非国家经济共同体调解人积极参与斡旋，并作为西非国家经济共同体军事观察组的一员向这三个国家的维和行动派遣了部队。

2014 年 6 月，瓦斯（José Mário Vaz）在正式就职前访问几内亚。同月，孔戴出席几内亚比绍总统若泽·马里奥·瓦斯就职仪式。2015 年 8 月以来，几内亚比绍各方因任命总理问题产生分歧，引发政治僵局，2016 年 9 月，西非国家经济共同体委派时任几内亚总统孔戴和塞拉利昂总统科罗马（Ernest Bai Koroma）赴几内亚比绍从中协调。10 月 14 日，在孔戴的倡议下，几内亚比绍政界各方签署《科纳克里协议》，协议要求几内亚比绍组建包容性政府，任命各党派都支持的总理人选，从而顺利组建政府及举行立法选举。2017 年 5 月，时任几内亚比绍总统瓦斯访问几内亚，双方就协议落实情况交换意见。2018 年

2月,瓦斯访问几内亚。2018年5月、7月,戈梅斯总理访问几内亚。2022年7月,几内亚比绍总统恩巴洛(Umaro Mokhtar Sissoco Embaló)以西非国家经济共同体轮值主席身份访问几内亚。

六 同马里的关系

几内亚北邻马里,两国边界从西北到东南方向主要沿河流延伸约1155千米。边界是在一系列法国殖民文件中确定的,自几内亚和马里独立以来一直没有改变。尽管边境社区之间因争夺土地和自然资源时不时爆发暴力冲突,但边界方面不存在任何争端。

马里1960年独立后,最初选择了社会主义道路,并在意识形态上与共产主义集团保持一致。两国于1962年3月7日建立了外交关系。随着时间的推移,马里的外交政策取向变得倾向西方。

几内亚同马里的关系长期稳定,高层互访频繁。2002年9月,马里将几内亚的科纳克里港开辟为第三个出海口。2006年2月,时任马里总统杜尔(Amadou Toumani Touré)访问几内亚。2007年11月,时任几内亚总理库亚特(Lansana Kouyaté)访问马里。2008年10月,杜尔出席几内亚独立50周年庆典。2009年2月,杜尔赴几内亚出席悼念孔戴逝世有关活动并会见几军政权领导人卡马拉(Moussa Dadis Camara)。2010年7月,杜尔对几内亚进行工作访问。12月,杜尔赴科纳克里出席阿尔法·孔戴的就职仪式。2012年3月,时任几内亚总理福法纳(Ibrahima Kassory Fofana)访问马里。2013年1月,时任马里过渡政府总理西索科(Django Sissoko)访问几内亚。2013年9月,孔戴前往马里出席凯塔(Modibo Keïta)就职仪式。2014年3月和10月,时任马里总统凯塔两次访问几内亚。2015年3月,凯塔赴几内亚出席第16届塞内加尔河流域开发组织峰会,2015年5月,孔戴访问马里,出席马里全国和平和解协议签署仪式。2015年12月,凯塔前往几内亚出席孔戴总统连任宣誓仪式。2017年2月,时任几内亚总统、非盟轮值主席孔戴赴马里出席萨赫勒五国特别峰会。2018年9

月，孔戴出席马里总统凯塔就职仪式。2018年10月，凯塔赴几出席独立日庆祝活动。

2020年12月，时任马里临时总统恩多（Bah N'Daw）出席孔戴就职典礼。2021年5月24日马里政变，临时总统恩多遭军政府领导人戈伊塔（Assimi Goïta）逮捕，戈伊塔宣布就任临时总统。2022年1月9日，西非国家经济共同体会员国同意关闭与马里接壤边界，并实行一系列的经济制裁，几内亚是唯一拒绝遵守西非经共体对马里实施制裁的国家，几内亚更是在国际制裁后与马里建立了牢固的关系。在两国合作联合委员会第九届会议期间，马里外交和国际合作部部长阿布杜拉耶·迪奥普（Abdoulaye Diop）普率代表团于11月前往科纳克里。2022年9月，几内亚过渡总统敦布亚访问马里。

七 同其他非洲国家的关系

塞古·杜尔执政前期，积极支持非洲其他国家的民族解放运动，因而在此期间，和亲西方国家的关系较为紧张。随着塞古·杜尔外交政策的变化，20世纪70年代末80年代初，几内亚与西方的关系发生变化，也因此和一些非洲国家的关系开始缓和。随着兰萨纳·孔戴上台，在其"全方位外交"的影响下，几内亚与外部的关系进一步改善。

21世纪以来，几内亚与非洲其他国家高层间的重要互访有：

2007年6月，利比亚领导人卡扎菲（Mouammar Kadhafi）访问几内亚。同月，时任几内亚总理库亚特访问摩洛哥。2009年1月，卡扎菲再次访几，对当时几内亚的军政权表示支持。2011年1月，孔戴访问利比亚。2014年3月，摩洛哥国王穆罕默德六世（Mohammed Ⅵ）访问几内亚。2014年11月，孔戴赴摩洛哥出席第五届全球企业家峰会并会见摩洛哥企业家。2015年1月，时任毛里塔尼亚总统阿齐兹（Mohamed Ould Abdel Aziz）对几内亚进行工作访问。同月，时任尼日尔总统伊素福（Mahamadou Issoufou）、贝宁总统亚伊（Thomas Boni Yayi）联合访问几内亚，以示对几内亚抗击埃博拉疫情的支持。同月，时任南非总统祖马（Jacob Gedleyihlekisa Zuma）访问几内亚。2016年2月，多哥总统、时任西非国家经济共同体抗击埃博拉疫情地区协调人福雷（Faure Essozimna Gnassingbé）率领西非国家经济共同体代表团访问几内亚，支持孔戴总统抗击埃博拉疫情。2016年8月，孔戴访问尼日尔，会见伊素福，就西非地区安全和后埃博拉时期发展进行交流。2017年1月，孔戴赴冈比亚调解选后危机。2021年6月，冈比亚总统巴罗（Adama Barrow）访问几内亚。2019年7月，阿尔法·孔戴邀请索马里兰地方政府领导人访问几内亚首都科纳克里，并为其举行欢迎仪式。索马里兰于20世纪90年代宣称脱离索马里独立，但未得到国际社会的认可，索马里政府认为索马里兰是该国不可缺少的一部分，因几内亚的这一行为，索马里政府当即宣布因几内亚侵犯了索马里主权与统一，索马里同几内亚断绝外交关系。

? 思考题

① 几内亚的外交有何特色？
② 中国与几内亚关系的发展历程与现状？
③ 几内亚与邻国关系的发展历程与现状？

参考文献

一 中文文献

蔡芸：《朝鲜与不结盟运动关系研究（1975—1991）》，硕士学位论文，湖北大学，2020年。

陈自明：《一段不应遗忘的重要历史——记几内亚民族乐器的改良工作》，《中国音乐学》2014年第2期。

代丽丽、李宁等：《几内亚医务工作者及社区工作者埃博拉防控知识培训模式探索及效果评估》，《西北医学教育》2015年第5期。

《第三次不结盟国家和政府首脑会议胜利闭幕》，《人民日报》1970年9月12日第5版。

《敦布亚宣誓就任几内亚过渡总统》，新华社，2021年10月2日。

菲利普·贝尔奈尔：《谍海孤舟——法国情报部门一个负责人的自述》，华汶译，世界知识出版社1981年版。

各国概况编辑组：《各国概况》（上），人民出版社1972年版。

顾卫民：《葡萄牙海洋帝国史（1415—1825）》，上海社会科学院出版社2018年版。

《韩国启动助非洲大米增产"大米带项目"》，韩联社，2023年7月10日。

《韩国无偿援助机构拟向几内亚捐赠红外线体温计》，韩联社，2014年8月11日。

《韩政府决定为埃博拉疫区国家提供 500 万美元援款》，韩联社，2015 年 7 月 10 日。

《"几内亚的可靠朋友和真诚伙伴"》，《人民日报》2023 年 2 月 14 日。

《几内亚总统呼吁韩国企业投资于当地矿业》，韩联社，2011 年 6 月 21 日。

《几内亚总统孔戴：非洲对中非合作更加坚信不疑》，中国江苏网 2018 年 9 月 5 日。

姜宣、郝爽言、陶短房、陈康、柳玉鹏：《几内亚军事政变引关注》，《环球时报》2021 年 9 月 7 日。

沈诗伟：《"铝土矿王国"几内亚政变引发的三大问题》，《世界知识》2021 年第 19 期。

汤平山：《塞古·杜尔的社会主义思想和实践》，《西亚非洲》1986 年第 1 期。

吴清和：《几内亚》，社会科学文献出版社 2015 年版。

吴清和：《几内亚总统兰萨纳·孔戴》，《西亚非洲》2014 年第 5 期。

《越南扩大与卢旺达和几内亚的多领域合作关系》，越通社，2018 年 8 月 7 日。

张如军、刘加华、郭亮辉：《"西非三峡"打通区域电力联通之路》，《中国投资》2021 年第 3、4 期。

《中几友好医院神经医学中心建设项目总结暨揭牌仪式隆重举行》，详见首都医科大学宣武医院网站：https://xwhosp.com.cn/，2022 年 1 月 21 日。

二 外文文献

«Aide soviétique à la Guinée», *Le Monde*, 1959 Août 28.

Alessandro Landolo, *Arrested Development*, Cornell University Press, 2022.

Alexandre Brégadzé, «La Russie est de retour en Guinée», Jeune Afrique, 2018 Octobre 19, https：//www. jeuneafrique. com/649408/politique/tribune-la-russie-est-de-retour-en-guinee/.

André Arcin, *Histoire de la Guinée française*, Challamel, 1911.

André Lewin, «Jacques Foccart et Ahmed Sékou Touré», Les Cahiers du CRH, 2002, https：//journals. openedition. org/ccrh/712.

Cheikh Yérim Seck, «Guinée: Lansana Conté, vie et mort d'un soldat paysan», Jeune Afrique, 2008 Décembre 23, https：//icsid. worldbank. org/sites/default/files/parties _ publications/C3765/Respondent%27s%20Counter-Memorial/Pi%C3%A8ces%20fa ctuelles/R-0075. pdf。

«Coopération: la République de Guinée et la Corée du Sud raffermissent leur relation historique dans le domaine des Pêches», Guineesignal, 2022 Avril 14, https：//www. guinee signal. com/2022/04/14/cooperation-la-republique-de-guinee-et-la-coree-du-sud-raffermissent-leur-relation-historique-dans-le-domaine-des-peches/.

Coup d'Etat en Guinée, «ça ne nous étonne pas(Jacques Gbonimy) », Guinée Matin, 2021 September 5, https : //guineematin. com/2021/09/05/coup-detat-en-guinee-ca-ne-nous-etonne-pas-jacques-gbonimy/.

«En Guinée, la junte accepte de rendre le pouvoir aux civils dans deux ans», *Le Monde*, 2022 Octobre 22.

«En Guinée, les putschistes fixent la transition à ‹39 mois›, au mépris de la communauté internationale», *Le Monde*, 2022 September 5.

Giant Stride Forward, *Republic of Guinea*, *First Year of Freedom*, Information Service of the Embassy of Guinea to the United States, 1959.

Guia Migani, «Sékou Touré et la contestation de l'ordre colonial en Afrique sub-saharienne, 1958–1963», *Monde*, 2012 Février 2.

«Guinea coup leader to form new government in weeks», BBC News, 2021 September 6, https：//www. bbc. com/news/world-africa-58461436.

«Guinée: la mission de la CEDEAO publie son rapport d'audit du fichier électoral», Guinée360, 2020 Mars 11, https：//www.guinee360.com/11/03/2020/guinee-la-mission-de-la-cedeao-publie-son-rapport-daudit-du-fichier-electoral/.

«Guinée: la transition vers un retour des civils au pouvoir finalement fixée à trois ans par les putschistes», Le Monde, 2022 Mari 12.

Justin Morel, «Guinée-Japon: les deux pays signent un accord de coopération», Guinee Conakry Online, 2018 Novembre 15, https://guineeconakry.online/2018/11/15/guinee-japon-les-deux-pays-signent-un-accord-de-cooperation/.

«La France suspend sa coopération militaire avec la Guinée», Le Monde, 2009 Septembre 29.

«Le président Lansana Conté est mort après 24 ans au pouvoir», France 24, 2008 Décembre 23, https：//www.france24.com/fr/20081223-le-prsident-lansana-cont-est-mort-apr-s-24-ans-pouvoir-guin-e.

Lutte contre la drogue et les narcotrafiquants-Dadis Camara (Président de la Guinée): «Pourquoi, je me bats pour mon pays», news.abidjan.net, 2009 Août 11, https：//news.abidjan.net/articles/340022/lutte-contre-la-drogue-et-les-narcotrafiquants-dadis-camara-president-de-la-guinee-pourquoi-je-me-bats-pour-mon-pays.

Mohamed Bangoura, «Coopération: le président du parlement reçoit l'ambassadeur de la Corée du Nord en Guinée», Mosaique, 2020 Decembre 7, https：//mosaiqueguinee.com/2020/12/cooperation-le-president-du-parlement-recoit-lambassadeur-de-la-coree-du-nord-en-guinee/.

Muriel Devey Malu-Malu, «Quand la Guinée s'éveillera», Jeune Afrique, 2018 Octobre 2, https：//www.jeuneafrique.com/mag/636113/politique/quand-la-guinee-seveillera/.

Nankouman Keita, «60 années de coopération sino-guinéennes. Quels sont les acquis?», Chine Magazine, 2019 Mai 8, https://www.chine-magazine.com/60-annees-de-cooperation-sino-guineennes-quels-sont-les-acquis/.

OMVS, «La Guinée fait son retour», l'Essor, 2023 Octobre 20, https://www.maliweb.net/politique/omvs-la-guinee-fait-son-retour-3040161.html.

OMVS, «La Mauritanie prend la présidence, la Guinée suspend sa participation», maliweb.net, 2023 Juillet 19, https://www.maliweb.net/economie/cooperation/omvs-la-mauritanie-prend-la-presidence-la-guinee-suspend-sa-participation-3029258.html.

Saïkou Yaya (UFR) sur le coup d'Etat en Guinée, «Alpha Condé a fait la sourde oreille...», Guinée Matin, 2021 September 5, https://guineematin.com/2021/09/05/coup-detat-en-guinee-ca-ne-nous-etonne-pas-jacques-gbonimy/.

Sociologie-Elizabeth Boesen, «Pulaaku, Sur la foulanité», in Roger Botte et Jean Boutrais (éd.), *Figures peules*, Karthala, 1999.

Thomas Mitchell Hutcheson, "Soviet foreign policy in Guinea and Somalia, implications for American policy toward Africa", Naval Postgraduate School, 1980.

V. Mikheyev, V. Tsupikov, «The DPRK'S role in the Nonaligned movement», *Far Eastern Affairs*, No. 3, 1988.

后　　记

《西非经济共同体国家系列教材——几内亚》是继《西非经济共同体国家系列教材——塞内加尔》后，河海大学西非经济共同体国家研究中心在区域国别研究及教学方面的积极探索。

本教材的顺利出版首先感谢江苏省哲学社会科学界联合会、河海大学研究生院、河海大学国际交流合作处及河海大学社科处的大力支持，以及中国社会科学出版社喻苗老师、田耘老师及其团队的辛勤付出。其次要感谢的是本系列教材的总主编和本教材前言的撰写者新华社非洲总分社原社长王朝文老师，以及本系列教材的总主编河海大学外国语学院院长张海榕教授，他们在教材编写过程中给予了精心的指导与热情的帮助。最后要感谢本教材的合作者陈思宇及缘起者游滔老师，我和陈思宇师出同门，师从南京大学高方教授，高方教授以其严谨的治学态度和宽厚待人的品格深深影响了我们。在本教材的分工中，陈思宇负责经济和文化板块，而其余部分由我负责。入职河海大学后，我和陈思宇作为"高校青椒"，在个人发展上得益于前辈游滔老师的提携与引领，游老师始终关注区域国别学的发展，为我们奠定了坚实的研究基础，游老师鼓励我们开阔视野，带领我们进入了区域国别学的研究领域，开启了我们在西非的探索旅程，本系列教材亦是在游滔老师在河海大学期间启动的。不幸的是，在本教材审校阶段，游滔老师因病于2024年7月18日去世，他的离世是我们的一大损失，但他的精神和理想将永远激励我们继续前行。

后　记

　　希望这本教材能促进读者对西非经济共同体国家，特别是几内亚的深入了解。同时，也希望本教材能够为后续的研究和教学提供参考和借鉴，推动西非区域国别学的发展。祝愿河海大学西非经济共同体国家研究中心越来越好。

陈璞君

2024 年 10 月